汽车制动与传动系统维修

主　编　白红霞
副主编　黄　勇　罗　林　何欣荣
参　编　易　顺　李学红　何　豪
　　　　黄　超　戚　俊

重庆大学出版社

内容提要

本书紧跟汽车维修的实际情况,主要讲述汽车制动系统及传动系统的维修,具体包括:制动系统概述、驻车制动器、车轮制动器、防抱死制动系统、电子稳定辅助系统、制动器的拆装与检修、汽车制动系统故障诊断与排除、传动系统概述、离合器、变速器、万向传动装置、驱动桥,共 12 个课题。

本书主要供职业院校汽车相关专业教学使用,也可作为汽车维修工等级考核、维修工等岗位职业培训机构的培训教材或自学用书。

图书在版编目(CIP)数据

汽车制动与传动系统维修/白红霞主编. -- 重庆:
重庆大学出版社,2022.7
新能源汽车技术系列教材
ISBN 978-7-5689-3149-6

Ⅰ.①汽… Ⅱ.①白… Ⅲ.①汽车—制动装置—车辆
修理—高等职业教育—教材②汽车—传动系—车辆检修—
高等职业教育—教材 Ⅳ.①U472.41

中国版本图书馆 CIP 数据核字(2022)第 115553 号

汽车制动与传动系统维修
QICHE ZHIDONG YU CHUANDONG XITONG WEIXIU
主 编 白红霞
副主编 黄 勇 罗 林 何欣荣
责任编辑:范 琪   版式设计:范 琪
责任校对:关德强   责任印制:张 策

*

重庆大学出版社出版发行
出版人:饶帮华
社址:重庆市沙坪坝区大学城西路 21 号
邮编:401331
电话:(023)88617190 88617185(中小学)
传真:(023)88617186 88617166
网址:http://www.cqup.com.cn
邮箱:fxk@ cqup.com.cn(营销中心)
全国新华书店经销
重庆华林天美印务有限公司印刷

*

开本:787mm×1092mm 1/16 印张:11.5 字数:239 千
2022 年 7 月第 1 版   2022 年 7 月第 1 次印刷
印数:1—1 000
ISBN 978-7-5689-3149-6 定价:45.00 元

前 言

本书的编写期望能够达到两个目标：一是借鉴国际当代职业教育发展的最新理论与方法技术，反映汽车维修技术领域的专业要求和发展水平；二是结合职业院校学生的特点，全面落实"以就业为导向、以全面素质为基础、以能力为本位"的职业教育办学指导思想，着力提高学生的综合职业能力。

编写本书的指导思想是：

1. 综合职业能力的人才培养目标

综合职业能力是人们从事一个或若干个相近职业所必备的本领，是个体在职业工作、社会和私人情境中科学的思维、对个人和社会负责任行事的热情和能力，是科学的工作和学习方法的基础。新课程的人才培养目标是：在真实的工作情境中整体化地解决综合性专业问题的能力和技术思维方式。

2. 设计导向的职业教育思想

新课程强调把人视为价值的根源，本着对社会、经济和环境负责的态度，职业教育所培养的人不仅仅是作为"工具"的技术工人，更是在各个社会领域里有参与技术和工作设计的潜在能力者，综合发展的人，他们不但是具有技术适应能力的人，而且是具有参与促进社会向着积极方向发展和变革进程能力的人。

3. 学习领域的课程模式

不同于学科系统化的课程模式，本学习领域的课程模式是工作过程系统化的，其基本特征是根据具有重要职业功能的典型工作任务，确定理论与实践一体化的学习任务，按照工作过程组织学习过程，依据人的职业成长规律进行课程顺序排列，强调"学习的内容是工作，通过工作实现学习"，从而达到"学会工作"的目的。

4.行动导向的教学方法

新课程中,教师是学生学习过程的组织者和专业对话伙伴,应采用行动导向的教学方法,并通过有一定实际价值的行动产品来引导教学组织过程。学生学习方式多以强调合作与交流的小组形式进行,具有尝试新活动方式的实践空间。学生通过主动和全面的学习,可以达到脑力劳动和体力劳动相统一的效果。

本书由重庆黔江民族职业教育中心白红霞任主编,重庆黔江民族职业教育中心黄勇、罗林、何欣荣任副主编,易顺、李学江、何豪、黄超、戚俊为参编。

本书在编写过程中,引用了大量原厂手册以及文献资料,在此,向原作者表示衷心的感谢!

由于本书涉及内容较新,且编者水平有限,书中难免有不足之后,恳请相关专家和广大读者批评指正。

编　者

2021 年 9 月

目录

项目 **1**
汽车制动系统

【学习任务】

1. 掌握制动系统的作用、组成及分类。

2. 掌握制动系统的类型及工作原理。

3. 掌握 ABS 系统和 ESP 系统的工作原理。

【技能目标】

1. 正确拆装、调整和检修鼓式制动器。

2. 学会制动鼓与制动盘的检修。

3. 了解液压传动机构的结构以及工作原理。

课题 1.1 制动系统概述

1.1.1 制动系统的作用与要求

汽车制动系统是指对汽车某些部分(主要是车轮)施加一定的力,从而对其进行一定程度的强制制动的一系列专门装置。制动系统的作用是:使行驶中的汽车按照驾驶员的要求进行强制减速甚至停车;使已停驶的汽车在各种道路条件下(包括在坡道上)稳定驻车;使下坡行驶的汽车速度保持稳定。

为了保证行车安全,发挥高速行驶的能力,制动系统必须满足下列要求:

①操纵轻便,制动时的方向稳定性好。制动时,前后车轮制动力分配合理,左右车轮上的制动力应基本相等,以免汽车制动时发生跑偏和侧滑。

②制动效能好。评价汽车制动效能的指标有:制动距离、制动减速度、制动时间。

③带挂车时,能使挂车先于主车产生制动,后于主车解除制动;挂车自行脱挂时能自行进行制动。

④散热性好,调整方便。这要求制动蹄摩擦片抗高温能力强,潮湿后恢复能力快,磨损后间隙能够调整,并能够防尘、防油。

⑤制动平顺性好。制动时应柔和、平稳;解除时应迅速、彻底。

1.1.2 制动系统的基本功能

目前,防抱死制动系统(Anti-locked Braking System,ABS)和电子稳定程序(Electronic Stability Program,ESP)正逐渐在汽车的制动系统中得到广泛的应用。采用防抱死制动系统装置和电子稳定程序可防止汽车车轮抱死,从而能够使整车最大限度地保持操纵稳定性。因此,制动时既保证了前轮的转向性能,又保证了后轮不产生侧滑,能使汽车在充分利用路面附着系数的状况下制动。在附着系数较低的路面上,如湿路面和冰雪路面,比未装 ABS、ESP 系统制动距离及车辆的稳定性有了明显改善。制动系统应满足以下功能:

①汽车在坡道驻停时,应使汽车可靠地驻留在原地不动。

②汽车下长坡时,将车速限制在一定安全值内,并保持稳定。

③汽车紧急制动时,在尽可能短的距离内将车速降为零。

1.1.3　制动系统的组成

汽车制动系统由制动踏板、驻车制动线、真空助力器、制动总泵、制动油管、盘式制动器(制动片、制动分泵、制动盘)、鼓式制动器(制动分泵、制动蹄片)等组成,制动系统结构示意图如图 1-1-1 所示。

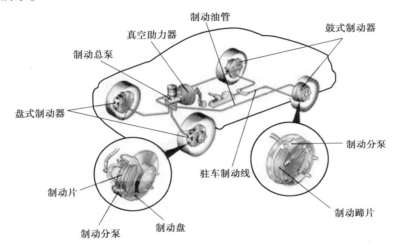

图 1-1-1　制动系统结构示意图

汽车上设置有彼此独立的制动系统,它们起作用的时刻不同,但它们的组成却是相似的。它们一般有以下几个组成部分:

①供能装置:包括供给、调节制动所需能量以及改善传动介质状态的各种部件。

②控制装置:产生制动动作和控制制动效果的各种部件,如制动踏板。

③传动装置:包括将制动能量传输到制动器的各个部件,如制动主缸、轮缸。

④制动器:产生阻碍车辆运动或运动趋势的部件。

制动系统一般由制动器和制动操纵机构 2 个主要部分组成。

(1)制动器

制动器是产生阻碍车辆的运动或运动趋势的力(制动力)的部件。汽车常用的制动器都是利用固定元件与选择元件工作表面的摩擦而产生制动力矩,称为摩擦制动器。它有鼓式制动器和盘式制动器两种。

（2）制动操纵机构

制动操纵机构是指产生制动动作、控制制动效果并将制动能量传输到制动器的各个部件。

1.1.4 制动系统的分类

（1）按制动系统的作用不同分类

制动系统可分为行车制动系统、驻车制动系统、应急制动系统及辅助制动系统。用以使行驶中的车辆降低速度甚至停车的制动系统称为行车制动系统；用以使已停驶的车辆驻留原地不动的制动系统称为驻车制动系统；在行车制动系统失效的情况下，保证车辆仍能实现减速或停车的制动系统称为应急制动系统；在行车过程中，能够降低车速或保持车速稳定，但不能将车辆紧急制停的制动系统称为辅助制动系统。上述各制动系统中，行车制动系统和驻车制动系统是每个车辆都必须具备的。

1）行车制动系统

在汽车行驶中降低速度甚至停车的制动系统称为行车制动系统，是在汽车行驶过程中经常使用的。

行车制动系统不论车速高低、载荷大小、上坡还是下坡，必须能控制车辆的行驶，并且能使车辆安全、迅速、有效地停止。行车制动系统的制动作用必须是可控制的，必须保证驾驶员在其座位上无须将双手离开转向盘，就能实施制动功能。行车制动系统必须能实现渐进制动。

制动力矩和制动力的大小可以在驾驶员的控制下、在一定范围内逐渐变化的制动称为渐进制动。

2）应急制动系统（第二制动系统）

在行车制动系统失效的情况下，保证汽车能实现减速或停车的制动系统称为应急制动系统。

应急制动系统必须能在行车制动系统失效的情况下，在适当的距离之内将车辆停住。其制动作用必须是可控制的，必须保证驾驶员在其座位上，在至少有一只手握住转向盘的情况下，就能实施控制作用。

应急制动系统有的是渐进的，有的是非渐进的。但按国际标准化组织的定义，第二制动系统的作用必须是渐进的。

3）驻车制动系统

用以使已经停止的汽车驻留原地不动的一套装置,称为驻车制动系统。

驻车制动系统必须能使其工作部件靠纯机械装置锁住,即使在没有驾驶员的情况下,车辆也能停在坡道上（上坡或下坡）。驾驶员必须能在其座位上实施制动作用。

驻车制动系统按制动力的变化方式分为渐进制动系统和非渐进制动系统。

渐进制动系统:制动力矩和制动力在驾驶员的操纵控制下,在一定的范围内逐渐变化的制动系统。行车制动系统必须是渐进制动系统。

非渐进制动系统:无上述特点的制动系统,驻车制动系统不必是非渐进的制动系统。

4）辅助制动系统

在下长坡时保持稳定车速,避免超速失事,并减轻或解除行车制动装置的负荷,汽车可装有辅助制动系统（减速制动器）。

辅助制动器一般有排气减速制动器、液力减速制动器和电动减速制动器。

目前,在电动减速制动中使用电涡流缓速制动器的很多。汽车安装电涡流缓速制动器后,可以承担汽车减速时所需制动能力的85%左右,大大提高汽车紧急制动的安全性,行车制动器的使用寿命可延长5~10倍。由于电涡流缓速制动器是一种非接触式制动装置,制动时迅速而柔和,从而汽车行驶的舒适性也大大提高。

行车制动、应急制动和驻车制动的各制动系统,在满足一定条件下,部件可共用。

驻车制动和行车制动有共用的例子,如后轮制动器一方面作为行车制动器,另一方面作为驻车制动器使用。

（2）按制动操纵能源不同分类

制动系统可分为人力制动系统、动力制动系统和伺服制动系统。以驾驶员的肌体作为唯一制动能源的制动系统称为人力制动系统;完全靠发动机的动力转化而成的气压或液压形式的势能进行制动的系统称为动力制动系统;兼用人力和发动机动力进行制动的制动系统称为伺服制动系统或助力制动系统。

（3）按制动能量的传输方式不同分类

制动系统可分为机械式、液压式、气压式、电磁式。同时采用两种以上传输方式的制动系统称为组合式制动系统。

1.1.5　汽车制动系统的工作原理

（1）制动系统的基本结构

制动系统主要由车轮制动器、液压传动和气压传动机构组成。

车轮制动器主要由旋转部分、固定部分和调整机构组成。旋转部分是制动鼓,固定部分包括制动蹄和制动底板,调整机构由偏心支承销和调整凸轮组成,用于调整蹄鼓间隙。

液压制动传动机构主要由制动踏板、推杆、制动主缸、制动轮缸和管路组成。

气压制动传动机构主要由制动踏板、推杆、制动总阀、空气干燥器、四回路保护阀、制动气室和管路等组成。

（2）制动工作原理

利用与车身(或车架)相连的非旋转元件和与车轮(或传动轴)相连的旋转元件之间的相互摩擦来阻止车轮的转动或转动的趋势,并将运动着的汽车的动能转化为摩擦副的热能耗散到大气中。现以液压行车制动工为例阐述制动系机构作原理。

车轮制动器主要由旋转部分、固定部分和张开机构组成。

旋转部分是制动鼓,它固定在车轮轮毂上,随车轮一同旋转,它的工作面是内圆柱面。固定部分主要包括制动蹄和制动底板等。制动底板用螺栓与转向节凸缘(前轮)或桥壳凸缘(后轮)固定在一起。在固定不动的制动底板上,有2个支承销,支承2个弧形制动蹄的下端。制动蹄的外圆面上装有摩擦片,上端用制动蹄回位弹簧拉紧压靠在轮缸活塞上,制动蹄可用凸轮或制动轮缸等张开机构使其张开。制动轮缸也安装在制动底板上。装在车身上的制动主缸用油管与制动轮缸相连通,主缸活塞可由驾驶员通过制动踏板来操纵。

1）非制动过程

不制动时,制动鼓的内圆柱面与摩擦片之间保留一定的间隙,使制动鼓可以随车轮一起旋转。

2）制动过程

行驶的汽车要实现减速、停车,必须借助路面强制地对汽车车轮产生行驶方向相反的外力,即制动力。

制动时,驾驶员踩下制动踏板,推杆便推动制动主缸活塞,迫使制动油液经油管进入制动轮缸,油液压力使制动轮缸活塞克服复位弹簧的拉力推动制动蹄绕支承销转动。上端向外张开,消除制动蹄与制动鼓之间的间隙后压紧在制动鼓上。这样不旋转的制动蹄摩擦片对旋转着的制动鼓就会产生一个摩擦力矩 M，其方向与车轮旋转方向相反，其大小取决于制动轮缸活塞的张开力、制动蹄鼓间的摩擦系数及制动鼓和制动蹄的尺寸。制动鼓将力矩 M 传至车轮，由于车轮与路面的附着作用，车轮即对路面作用一个向前的周向力 F，同时路面也给车轮一个向后的切向反作用力 F，即车轮受到的路面制动力。各车轮所受路面制动力之和就是汽车受到的总制动力，它由车轮经车桥和悬架传给车架及车身，迫使整个汽车产生一定的减速度，制动力越大，减速度越大。

3）制动解除过程

放松制动踏板，在复位弹簧作用下，制动蹄与制动鼓的间隙又得以恢复，从而解除制动。

制动时车轮上的制动力随踏板力及其产生的制动力矩的增加而增加。但受到轮胎与路面附着情况的限制，制动力不可能超过附着力，附着力等于轮胎上的垂直载荷 G 与轮胎和路面间的附着系数 Q 的乘积，即 $F_b = GQ$。当制动力等于附着力时，车轮将被抱死而在路面上滑拖。滑拖会使胎面局部严重磨损，在路面上留下一条黑色的拖印。同时滑拖使胎面产生局部高温而稀化，就像轮胎与路面间被一层润滑剂隔开，使附着系数反而减小。最大制动力和最短的制动距离并不是在车轮抱死时出现，而是在车轮将要抱死又未完全抱死时出现，制动力接近附着力，即在所谓"临界状态"时，达到最大值。可见，制动到抱死状态所能达到的制动力与车轮上的垂直载荷成正比，即车轮上的载荷越大，可能获得的制动力也应越大。为此，应根据各类汽车前后桥车轮所分配的质量的不同，包括附着质量和转移质量，从制动器的结构型式上如张开机构、制动鼓、制动蹄的型式和尺寸大小等方面，合理地分配制动力的大小，来获得较理想的制动效果。

实际上，一般结构的车轮制动器在制动过程中，因车轮的载荷及其与地面很难完全避免车轮抱死滑拖。不少汽车在制动系统中增设了前后桥车轮制动力分配装置，增加车轮的抱死现象，但最理想的还是电子控制的自动防抱死制动装置。

课题 1.2　驻车制动器

驻车制动器通常是指机动车辆安装的手动刹车，简称手刹，在车辆停稳后用于稳定车辆，避免车辆在斜坡路面停车时由于溜车造成事故。常见的手刹一般置于驾驶员右手下垂位置，便于使用。市场上的部分自动挡车型均在驾驶员左脚外侧设计了功能与手刹相同的脚刹，有的车型还加装了电子驻车制动系统。

1.2.1 驻车制动器的操作方法

进行驻车制动时,向下踏住制动器踏板,向上全部拉出驻车制动杆。欲松开驻车制动,向下踏住制动器踏板,将驻车制动杆向上稍微拉动,用拇指按下手柄端上的按钮,然后将驻车制动杆放低到原始的位置。

对装备有自动变速器的汽车而言,一定要先施加驻车制动,再将排挡杆移动到"P"(停车)位置。在倾斜地面停车时,如果先换挡到"P"位置,然后才进行驻车制动,车身的重量将使驾驶员在准备开动汽车时难于从"P"(停车)挡换出来。

在准备开动汽车时,应在松开驻车制动之前先将变速杆从"P"(停车)挡换出来。

不得在开动汽车时拉紧驻车制动器,否则会因过热,使后刹车作用下降,制动器寿命缩短或产生永久性制动器损坏。

如果驻车制动器不能稳定地制动汽车或不能完全松开,则应立即要求经销商或服务站进行检查。离开汽车之前,通常应全部拉上驻车制动器,否则汽车会移动,造成伤害或损坏。驻车时,确保使手动变速器汽车的换挡杆处于空挡,使自动变速器汽车的变速杆处于"P"(驻车挡)位置或"N"(空挡)位置,而且绝大多数自动变速器汽车只有 P 挡时才能拔出汽车点火钥匙。如无特殊情况,严格禁止汽车变速器在前进挡(D,S,L 或带阿拉伯数字等)或倒挡"R"位置时进行驻车行为。

驻车制动器与手刹配套使用的还有回位弹簧。拉起手刹制动时,弹簧被拉长;手刹松开,弹簧恢复原长。长期使用手刹时,弹簧也会产生相应变形。手刹拉线也同样会产生相应变形。任何零件在长期、频繁使用时,都存在效用降低的现象。驻车制动结构相对简单,成本低廉。

1.2.2 驻车制动器的分类

驻车制动有不同的类型,有用手或用脚操作的机械机构。另外,高级车也逐渐采用电子控制的驻车系统,俗称电子手刹。驻车制动器的分类,如图 1-2-1 所示。

(1)手动驻车制动器

手动驻车制动器属于辅助制动系统,主要借助人力,一般是为了在停车的时候防止车辆自行溜车而设立的。手刹(驻车制动器)主要由制动杆、拉线、制动机构以及回位弹簧组成,是用来锁死传动轴从而使驱动轮锁死的,有些是锁死两只后轮。而制动杆其实就是利用了杠杆

（a）手动驻车制动器　　　　（b）电子驻车制动器　　　　（c）脚式驻车制动器

图 1-2-1　驻车制动器的分类

原理,将其拉到固定位置通过锁止牙进行锁止。

进行驻车制动时,踩下行车制动踏板,向上全部拉出驻车制动杆。欲松开驻车制动,同样踩下制动器踏板,将驻车制动杆向上稍微提起,用拇指按下手柄端上的按钮,然后将驻车制动杆放到最低的位置。

与驻车制动配套使用的还有回位弹簧。拉起手刹制动时,弹簧被拉长;手刹松开,弹簧恢复原长。长期使用驻车制动时,弹簧也会产生相应变形。驻车制动拉线也同样会产生相应变形。任何零件在长期、频繁使用时,都存在效用降低的现象。

（2）电子驻车制动器

电子驻车制动器是由电子控制方式实现停车制动的技术。其工作原理与机械式手刹相同,均是通过刹车盘与刹车片产生的摩擦力来达到控制停车制动,只不过控制方式从之前的机械式手刹拉杆变成了电子按钮。

电子驻车制动器也就是电子驻车制动系统。电子驻车制动系统(Electrical Park Brake, EPB)是指将行车过程中的临时性制动和停车后的长时性制动功能整合在一起,并且由电子控制方式实现停车制动的技术。

电子驻车制动器从基本的驻车功能延伸到自动驻车功能,自动驻车功能技术的运用使得驾驶者在车辆停下时不需要长时间刹车。启动自动电子驻车制动的情况下,能够避免车辆不必要的滑行。

1）电子驻车制动系统的应用

电子驻车系统的工作原理与手动机械驻车制动系统一样,都是通过制动蹄片与制动轮毂或摩擦片与制动盘之间的摩擦夹紧来实现驻车,只不过其控制方式由电子按钮和电动机动作替代了原来手动操作和机械连动,故该系统全称为电子控制式机械驻车制动系统。

目前在汽车上应用的电子驻车制动技术主要有 2 种形式,一种是拉线式电子驻车制动系统,另一种是卡钳集成式电子驻车制动系统。拉线式电子驻车制动系统由于保留了传统机械驻车制动系统的拉线,所以它只是早期应用的一种过渡产品,在汽车上应用较少,目前在汽车上应用最多的是卡钳集成式电子驻车制动系统。该系统用电子按钮、电动机组件替代了传统的驻车制动手柄、机械杠杆和拉线等控制件。电动机组件被集成到了左右制动卡钳上,电子控制单元(ECU)和电动机组件直接通过电气线束进行连接。驻车时,当驾驶者操作电子驻车制动系统电子按钮后,电子控制单元将控制集成在左右制动卡钳中的电动机动作,并带动制动卡钳活塞移动而产生机械夹紧力从而完成驻车。

2)电子驻车制动系统的优点

与传统的手动机械驻车制动系统相比,电子驻车制动系统具有以下优点:

①车厢内取消了驻车制动手柄,为整车内饰造型的设计提供了更大的发挥空间。

②停车制动由一个按键替代了驾驶者用力拉驻车制动手柄,简单省力,降低了驾驶者尤其是女性驾驶者的操作强度。

③随着汽车电子驻车控制技术的不断发展,该系统不仅能够实现静态驻车、静态释放(关闭)、自动释放(关闭)等基本功能,还增加了自动驻车和动态驻车等辅助功能。如大众车系上安装的自动驻车键(AUTOHOLD),它就能够完成上述功能,由于它将动态稳定控制系统介入到了电子驻车制动系统,使得驾驶更安全、更方便。

(3)传统机械驻车制动器

传统的机械驻车制动器是拉线结构,驾驶员操作位于中央通道的驻车制动手柄,手柄带动拉线使得后轮的卡钳或者制动蹄片锁紧制动盘或制动鼓。驻车制动手柄的内部是一个棘轮,拉动手柄时棘爪卡住棘齿,使得手柄固定在相应的位置不动。

1.2.3　驻车制动器的原理与调整

(1)原理

驻车制动器属于辅助制动系统,主要借助人力,一般在停车的时候,为了防止车辆自行溜车而设立的。如图 1-2-2 所示,驻车制动器(手刹)主要由操纵杆、平衡杠杆、拉绳、拉绳调整接头、拉绳支架、拉绳固定夹、制动器等组成,用来锁止传动轴从而锁止驱动轮,有些是锁止两只后轮。

(2)调整

如果在测试中发现制动器不灵敏,可以通过调整手刹拉线来解决,在驻车制动器手柄的下面有个可调的补偿机构。调节时需要先拆卸手柄的装饰罩,然后利用工具调节拉线的长

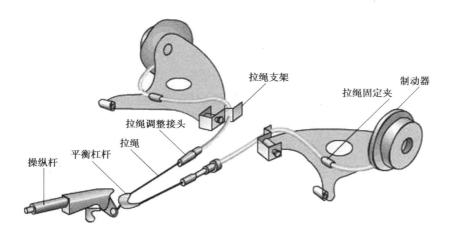

图 1-2-2　驻车制动器(手刹)

度,以保障手刹制动处在最佳工作状态。

1.2.4　驻车制动器的拆装与调整

(1)使用工具

常用工具:量具。

专用工具:变速器拆装台、拉器、铜棒。

(2)驻车制动器的拆卸(以东风 EQ1090E 为例)

1)拆卸驻车制动器的操纵机构

①拔出驻车制动器拉杆总成与摇臂的两个连接销。

②拧下操纵杆销轴上的拉杆,拆下扇形齿板固定螺栓。

③从变速器上取下驻车制动操纵杆总成。

2)拆卸驻车制动器

①拧下传动轴与制动鼓的连接螺母,拔出传动轴总成。

②拧下制动鼓上的 2 个定位螺钉,取下制动鼓。

③拧下固定在变速器输出轴上的凸缘的锁紧螺母,取下止推垫圈,从变速器第二轴键端拔出带定位螺栓凸缘。

④取下凸轮轴的限位片、蹄片回动弹簧,从制动板的背面拧下制动蹄轴锁紧螺母,从支座上取下制动蹄连轴。

⑤拆掉蹄轴前端的挡圈,从蹄片上取下蹄轴;从蹄另一端的滚轮外侧面拆下挡圈,从蹄上

取下滚轮及滚轮轴。

⑥拧下固定底板支座的 5 个螺栓,拆出制动底板及支座总成。

⑦拆下摆臂,从底板的背面拆下凸轮轴上的挡圈,拔出凸轮轴。

⑧从底板的背面拧下 2 个紧固底板支座的螺栓,分离支座和底板。

(3)清洗检查

①拆卸分解前应清理驻车制动器总成外部泥巴、油污及其他杂物;解体后彻底清洗、除锈、去垢。

②检查操纵机构、各轴、滚轮及扇形齿板等的完好情况,并视情况予以修理或更换。

③检查制动鼓(盘)的磨损、变形情况,以及制动蹄摩擦片的磨损、完好情况,并视情况予以修理或更换。

(4)驻车制动器的装配

①予滚轮与滚轮轴、凸轮轴与支座、蹄与蹄轴等的配合表面涂上润滑脂。

②把油封、挡油盘压入支承座总成,装上泄油塞;把底板与支承座总成用 2 个螺栓紧固在一起,在支承座总成的轴孔中插入蹄片轴,装上弹簧挡圈、锁紧螺母,再装上凸轮轴、弹性挡圈;装上滚轮及滚轮轴、挡圈,套制动蹄总成到蹄轴上,并用弹性挡圈锁住。挂上两个制动蹄之间的回动弹簧;在凸轮轴上装好摆臂,使之与底板的对称面夹角约为 150°,并用螺栓固定摆臂。

③首先在变速器第二轴上套上甩油环,然后在轴承座及支座的结合表面涂上密封胶,接着放上衬垫再涂抹密封胶,最后安装已分装完成的底板总成在轴承座上。

④在凸缘轴颈的外缘套上甩油环,用压具压住甩油环的外缘,使凸缘的内花键与变速器第二轴的外花键对正,用铜棒或专用工具把凸缘敲击到变速器第二轴上至到位,并使甩油环进入挡油盘的后面。在变速器第二轴上装 4 个碟形垫圈,并使其方向一致(凹面朝内),以 200 ~ 250 N·m 的拧紧力矩锁紧螺母。

⑤装上制动鼓。把制动鼓套入凸缘的 4 个定位螺柱上,并用 2 个紧固螺钉固定在凸缘上。

⑥装复驻车制动器的操纵机构。先在壳体上用螺栓把与驻车制动器操纵杆相连的扇形齿板固定,并把拉杆拧入制动操纵杆销轴上,装好驻车制动操纵杆。再在销轴上装上摇臂、垫圈和开口销;用平头销连接 2 个拉杆与摇臂,并都装上垫圈及开口销。在摇臂后端的拉杆上套上回位弹簧及平垫圈,然后插入摆臂的孔中;拉杆穿出摆臂上面的球面窝孔后,套上球面垫圈,用螺母把驻车制动器摆臂和拉杆连接起来,最后再用一个螺母固定。

（5）驻车制动器的调整

在使用中，如果没有更换零件或拆下制动蹄、支座，而且制动蹄轴的锁紧螺母也没有松动等，驻车制动器可以不做任何调整。否则，应做正确调整，方法如下：

①拆开拉杆与摇臂的连接，拧松制动蹄轴锁紧螺母，用扳手转动蹄片轴，当在摆臂的末端用 30 N 的力转动摆臂张开凸轮时，2 个摩擦蹄片的中部必须同时与制动鼓接触，然后用扳手固定制动蹄轴，同时拧紧该轴的锁紧螺母。注意在拧紧锁紧螺母时，制动蹄轴不得转动，否则重新调整。

②调好制动蹄间隙后，连接拉杆，调整操纵装置。一般情况下，制动操纵杆从放松的极限位置往上拉，应有两"响"的自由行程，第三"响"开始有制动的感觉，至第五"响"，汽车应能在规定的坡度停住。

③如果仍觉得自由行程过大，则需调整摇臂与凸轮的相互位置。先放松操纵杆至极限位置，拆下摆臂端部的夹紧螺栓，取下摆臂，并逆时针方向错开一个至若干个齿，重新调整拉杆的调整螺母，直至拉动操纵杆时有 3～5"响"的行程，操纵杆明显感觉费力，而且汽车能按技术要求停住为止。在操纵杆完全放松时，驻车制动蹄摩擦衬片与鼓之间应保持 0.2～0.4 mm的间隙，用 294 N 的力拉操纵杆末端时，将仅仅能把棘爪移到扇形齿板的第 5 个齿槽中。

（6）注意事项

①正确使用工具、量具。
②严格拆装程序并注意操作安全。
③分解驻车制动器时不能用手锤直接敲击零件，必须采用铜棒或硬木垫进行冲击。
④认明零件的安装方向和位置，拆卸后按顺序放好，避免安装时遗漏、错乱。

课题 1.3　车轮制动器

一般制动器都是通过其中的固定元件对旋转元件施加制动力矩，使后者的旋转角速度降低，同时依靠车轮与地面的附着作用，产生路面对车轮的制动力以使汽车减速。凡利用固定元件与旋转元件工作表面的摩擦而产生制动力矩的制动器都称为摩擦制动器。目前汽车所用的摩擦制动器可分为鼓式和盘式两大类。鼓式制动器摩擦副中的旋转元件为制动鼓，其工作表面为圆柱面；盘式制动器的旋转元件则为旋转的制动盘，以端面为工作表面。

鼓式制动器根据其结构的不同,又分为双向自增力蹄式制动器、双领蹄式制动器、领从蹄式制动器、双从蹄式制动器。其制动效能依次降低,最低是盘式制动器;但制动效能稳定性却是依次增高,盘式制动器最高。也正是由于这个原因,盘式制动器被普遍使用。但为了提高其制动效能而必须加制动增力系统,使其造价较高,故低端车一般还是使用前盘后鼓式。

1.3.1 鼓式车轮制动器

鼓式制动器是利用制动传动机构使制动蹄将制动摩擦片压紧在制动鼓内侧,从而产生制动力,根据需要使车轮减速或在最短的距离内停车,以确保行车安全,并保障汽车停放可靠、不能自动滑移。如图 1-3-1 所示,鼓式制动器主要由摩擦衬片、制动鼓、制动蹄、制动轮缸、复位弹簧、定位销等零部件组成。

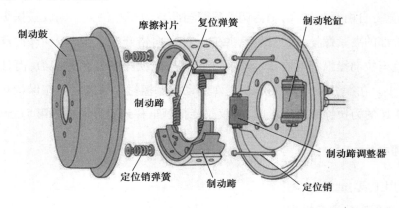

图 1-3-1　鼓式制动器

鼓式制动器也叫块式制动器,是靠制动块在制动轮上压紧来实现刹车的。鼓式制动是早期设计的制动系统,其刹车鼓的设计于 1902 年就已经使用在马车上了,直到 1920 年左右才开始在汽车工业广泛应用。现在鼓式制动器的主流是内张式,它的制动块(刹车蹄)位于制动轮内侧,在刹车的时候制动块向外张开,摩擦制动轮的内侧,达到刹车的目的。近 30 年,鼓式制动器在轿车领域上已经逐步退出让位给盘式制动器。但由于成本比较低,仍然在一些经济类轿车中使用,主要用于制动负荷比较小的后轮和驻车制动。

轿车鼓式制动器一般用于后轮(前轮用盘式制动器)。鼓式制动器除了成本比较低之外,还有一个好处,就是便于与驻车(停车)制动组合在一起,凡是后轮为鼓式制动器的轿车,其驻车制动器也组合在后轮制动器上。这是一个机械系统,它完全与车上制动液压系统是分离的,利用手操纵杆或驻车踏板(美式车)拉紧钢拉索,操纵鼓式制动器的杠件扩展制动蹄,起到停车制动作用,使得汽车不会溜动;松开钢拉索,回位弹簧使制动蹄恢复原位,制动力消失。

（1）鼓式制动器的原理

在轿车制动鼓上，一般只有一个轮缸，在制动时轮缸受到来自总泵的液力后，轮缸两端活塞会同时顶向左右制动蹄的蹄端，作用力相等。但由于车轮是旋转的，制动鼓作用于制动蹄的压力左右不对称，造成自行增力或自行减力的作用。因此，业内将自行增力的一侧制动蹄称为领蹄，自行减力的一侧制动蹄称为从蹄，领蹄的摩擦力矩是从蹄的 2～2.5 倍，导致两制动蹄摩擦衬片的磨损程度也不一样。

为了保持良好的制动效率，制动蹄与制动鼓之间要有一个最佳间隙值。随着摩擦衬片的磨损，制动蹄与制动鼓之间的间隙增大，需要有一个调整间隙的机构。过去的鼓式制动器间隙需要人工调整，用塞尺调整。改进之后的轿车鼓式制动器都是采用自动调整方式，摩擦衬片磨损后会自动调整与制动鼓的间隙。当间隙增大时，制动蹄推出量超过一定范围时，调整间隙机构会将调整杆（棘爪）拉到与调整齿下一个齿接合的位置，从而增加连杆的长度，使制动蹄位置改变，恢复正常间隙。

（2）鼓式制动器的分类

1）按制动蹄受力分类

轮缸式制动器按制动蹄的受力情况不同，可分为领从蹄式、双领蹄式（单向作用、双向作用）、双从蹄式、自增力式（单向作用、双向作用）等类型。

①领从蹄式制动器

领从蹄式制动器的结构如图 1-3-2 所示。制动底板固定在后桥壳或前桥转向节凸缘上，在制动底板的下部装有两个偏心的调整螺钉，两个制动蹄的下端有孔，套装在偏心调整螺钉上，并用锁止螺母锁止。制动底板的中部装有两制动蹄托架，以限制制动蹄的轴向位置。制动蹄上端用回位弹簧拉靠在制动轮缸的顶块上。制动蹄的外圆面上，用埋头螺钉铆接摩擦衬片。作为制动蹄促动装置的制动轮缸也用螺钉固装在制动底板上。制动鼓固装在车轮轮毂的凸缘上，随车轮一起转动。

领从蹄式制动器制动效能比较稳定，结构简单可靠，便于安装，广泛用作货车的前、后轮制动器和轿车的后轮制动器。

②双领蹄式制动器

在制动鼓正向旋转时，双领蹄式制动器的两制动蹄均为领蹄的制动器称为双领蹄制动器。

两制动蹄各用一个单活塞式制动轮缸促动，且两套制动蹄、制动轮缸、支承销和调整凸轮等在制动底板上的布置是中心对称的，以代替领从蹄式制动器中的轴对称布置。等直径的两

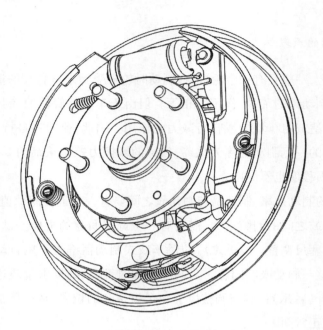

图 1-3-2　领从蹄式制动器

个制动轮缸可借油管连通,使其中油压相等。这样,在汽车前进时,两制动蹄均为领蹄;但在倒车时,两制动蹄均变为从蹄。由此可见,这种双领蹄式制动器具有单向作用,在前进时制动效能好,倒车时制动效能大大下降,且不便安装驻车制动器,故一般不用作后轮制动器;但两制动蹄片受力相同,磨损均匀,且制动蹄片作用于制动鼓的力量是平衡的,即单向作用双领蹄制动器属于平衡式制动器。

如果能使单向作用双领蹄制动器的两制动蹄的支承销和促动力作用点位置互换,那么在倒车制动时就可以得到与前进制动时相同的制动效果。双向作用双领蹄制动器的设计就是基于此设想,该类制动器的制动蹄在制动鼓正、反向旋转时均为领蹄,如图 1-3-3 所示。

若将装有双领蹄制动器的汽车左、右两侧车轮制动器对调安装,便成为在制动鼓正向旋转时两制动蹄均为从蹄的双从蹄式制动器。显然,双从蹄式制动器前进时制动效能低于领从蹄式制动器和双领蹄式制动器,但其制动效能对摩擦因数变化的敏感程度较小,即具有良好的制动效能稳定性,只在少数保证制动可靠性的高级轿车上采用。

③自增力式制动器

自增力式制动器可分为单向自增力式和双向自增力式两种,在结构上只是制动轮缸中的活塞数目不同而已。单向自增力制动器只在汽车前进时起自增力作用,使用单活塞制动轮缸;双向自增力制动器在汽车前进或倒车制动时都能起自增力作用,使用双活塞制动轮缸。

自增力式制动器的增力原理是:利用可调顶杆体浮动铰接的制动蹄来代替固定的偏心销式制动蹄,利用前蹄的助势推动后蹄,使总的摩擦力矩得以增大,起到自动增力的作用。

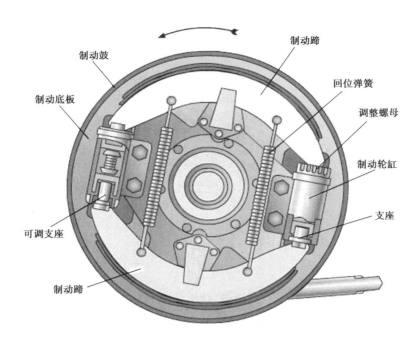

图 1-3-3　双向作用双领蹄制动器

　　图 1-3-4 所示为单向自增力制动器。第一制动蹄和第二制动蹄的上端被各自的制动蹄回位弹簧拉拢,并以铆于腹板上端两侧夹板的内凹弧面支靠着支承销。两制动蹄下端以凹入的平面分别浮动支撑在可调顶杆体两端的直槽底面上,并用拉紧弹簧拉紧。

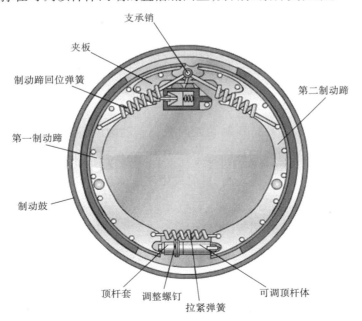

图 1-3- 4　单向自增力制动器

　　图 1-3-5 所示为双向自增力制动器。制动蹄的上端两侧铆有夹板,用前后蹄回位弹簧将

夹板拉靠在支承销上,两制动蹄的下端由拉紧弹簧拉靠在可调顶杆体两端直槽的底平面上。可调顶杆体是浮动的。制动轮缸处于支承销稍下的位置。

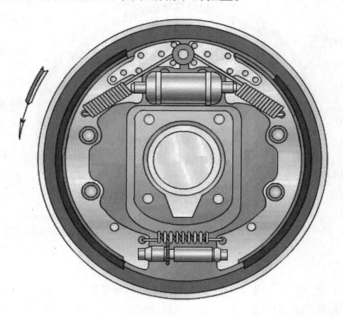

图 1-3-5 双向自增力制动器

在基本结构参数和制动轮缸工作压力相同的条件下,自增力式制动器由于对摩擦助势作用的利用,制动效能最好,但其制动效能对摩擦因数的依赖性最大,因而其稳定性最差;此外,在制动过程中自增力式制动器制动力矩的增长在某些情况下显得过于急速。因此,单向自增力式制动器只用于中、轻型汽车的前轮,而双向自增力式制动器由于可兼作驻车制动器而广泛用于轿车后轮。

2)按制动蹄运动方向分类

鼓式制动器是利用制动蹄片挤压制动鼓而获得制动力的,可分为内张式和外束式两种。内张鼓式制动器是以制动鼓的内圆柱面为工作表面,在现代汽车上广泛使用;外束鼓式制动器则是以制动鼓的外圆柱面为工作表面,目前只用作极少数汽车的驻车制动器。

3)按促动装置分类

鼓式制动器根据制动蹄张开装置(也称促动装置)形式的不同,可分为轮缸式制动器和凸轮式制动器,如图 1-3-6 所示。轮缸式制动器以液压制动轮缸作为制动蹄促动装置,多为液压制动系统所采用;凸轮式制动器以凸轮作为促动装置,多为气压制动系统所采用。

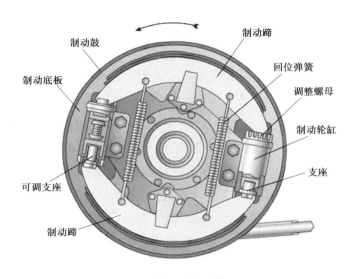

（a）轮缸式制动器

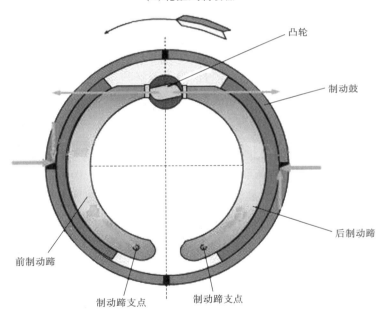

（b）凸轮式制动器

图 1-3-6　鼓式制动器

（3）鼓式制动器的优点和缺点

1）优点

鼓式制动器造价便宜，而且符合传统设计。四轮轿车在制动过程中，由于惯性的作用，前轮的负荷通常占汽车全部负荷的 70% ~80% ,前轮制动力要比后轮大,后轮起辅助制动作用,因此轿车生产厂家为了节省成本,则采用前盘后鼓的制动方式。不过对于重型车来说,由于车速一般不是很高,刹车蹄的耐用程度也比盘式制动器高,因此许多重型车至今仍使用四轮鼓式的设计。

2)缺点

鼓式制动器的制动效能和散热性都要差许多,鼓式制动器的制动力稳定性差,在不同路面上制动力变化很大,不易于掌控。而由于散热性能差,在制动过程中会聚集大量的热量,制动块和轮鼓在高温影响下较易发生极为复杂的变形,容易产生制动衰退和振料现象,引起制动效率下降。另外,鼓式制动器在使用一段时间后,要定期调校刹车蹄的空隙,甚至要把整个刹车鼓拆出以清理累积在内的刹车粉。

(4)鼓式制动器的维修与保养

1)维修

鼓式制动器最常见的维修是更换制动蹄。一些鼓式制动器的背面提供了一个检查孔,可以通过这个孔查看制动蹄上还剩下多少材料。当摩擦材料已磨损到铆钉长度只剩下 0.8 mm时,应更换制动蹄。如果摩擦材料是与后底板黏合在一起的(不是用铆钉),则当剩余的摩擦材料厚度仅为 1.6 mm 时,应更换制动蹄。

与盘式制动器中的情况相同,制动鼓中有时会磨损出很深的划痕。如果磨损完的制动蹄使用时间太长,将摩擦材料固定在后部的铆钉会把鼓磨出凹槽。出现严重划痕的鼓有时可以通过重新打磨来修复。盘式制动器具有最小允许厚度,而鼓式制动器具有最大允许直径。由于接触面位于鼓内,因此当从鼓式制动器中去除材料时,直径会变大。

2)保养

当衬块磨损时,制动蹄和鼓之间将产生更多的空间。汽车在倒车过程中停止时,会推动制动蹄,使它与鼓靠紧。当间隙变得足够大时,调节杆会摇动足够的幅度,使调节器齿轮前进一个齿。调节器上带有像螺栓一样的螺纹,因此它可以在转动时松开一点,并延伸以填充间隙。每当制动蹄磨损一点时,调节器就会再前进一点,因此它总是使制动蹄与鼓保持靠近。一些汽车的调节器在使用紧急制动器时会启动。如果紧急制动器有很长一段时间没有使用了,则调节器可能无法再进行调整。

1.3.2 盘式车轮制动器

盘式制动器又称为碟式制动器,顾名思义是取其形状而得名。它由液压控制,主要零部件有制动盘、分泵、制动钳、油管等。制动盘用合金钢制造并固定在车轮上,随车轮转动。盘式制动器已广泛应用于轿车,现在大部分轿车用于全部车轮,少数轿车只用作前轮制动器,与后轮的鼓式制动器配合,以使汽车在制动时有较高的方向稳定性。

另外,从外观上看,通风式制动盘有许多从制动盘圆心通向边缘的孔洞,这些孔洞都是经过特殊工艺制造而成的,它们可以通过车辆行驶中产生的离心力形成空气对流,为制动盘降温,起到防止制动热衰减的作用。

盘式制动器摩擦副中的旋转元件是以端面工作的金属圆盘,称为制动盘。摩擦元件从两侧夹紧制动盘而产生制动。固定元件则有多种结构形式,大体上可将盘式制动器分为钳盘式和全盘式两类。

液压型盘式制动器,由液压控制,主要零部件有制动盘、分泵、制动钳油管等(图 1-3-7)。

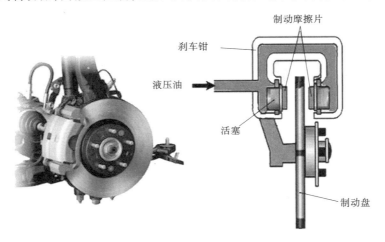

图 1-3-7　盘式车轮制动器

盘式制动器散热快、重量轻、构造简单、调整方便。特别是高负载时耐高温性能好,制动效果稳定,且不怕泥水侵袭,能在冬季和恶劣路况下行车。很多轿车采用的盘式制动器有平面式制动盘、打孔式制动盘以及划线式制动盘,其中划线式制动盘的制动效果和通风散热能力均比较好。

(1)盘式制动器的工作原理

制动时,油液被压入内、外两轮缸中,其活塞在液压作用下将两制动块压紧制动盘,产生摩擦力矩而制动。此时,轮缸槽中的矩形橡胶密封圈的边缘在活塞摩擦力的作用下产生微量的弹性变形。放松制动时,活塞和制动块依靠密封圈的弹力和弹簧的弹力回位。由于矩形密封圈边缘变形量很微小,在不制动时,摩擦片与盘之间的间隙每边只有 0.1 mm 左右,它足以保证制动的解除。又因制动盘受热膨胀时,其厚度只有微量的变化,故不会发生"托滞"现象。

矩形橡胶密封圈除起密封作用外,同时还起到活塞回位和自动调整间隙的作用。如果制动块的摩擦片与盘的间隙磨损加大,制动时密封圈变形达到极限后,活塞仍可继续移动,直到摩擦片压紧制动盘为止。解除制动后,矩形橡胶密封圈将活塞推回的距离同磨损之前相同,仍保持标准值。

(2)盘式制动器的主要组成

1)制动盘

①制动盘直径。制动盘直径 D 应尽可能取大些,这时制动盘的有效半径得到增加,可以降低制动钳的夹紧力,减少衬块的单位压力和工作温度。受轮辋直径的限制,制动盘的直径通常选择为轮辋直径的 70% ~79% 。总质量大于 2 t 的汽车应取上限。

②制动盘厚度。制动盘厚度对制动盘质量和工作时的温升有影响。为了使质量小些,制动盘厚度不宜取得很大;为了降低温度,制动盘厚度不宜取得过小。制动盘可以做成实心的,或者为了散热通风的需要在制动盘中间铸出通风孔道。一般实心制动盘厚度可取为 10 ~20 mm,通风式制动盘厚度取为 20 ~50 mm,采用较多的是 20 ~30 mm。在高速运动下紧急制动,制动盘会形成热变形,产生颤抖。为了提高制动盘摩擦面的散热性能,大多把制动盘做成中间空洞的通风式制动盘,这样可使制动盘温度降低 20% ~30% 。

2)摩擦衬块

摩擦衬块是指钳夹活塞推动挤压在制动盘上的摩擦材料。摩擦衬块分为摩擦材料和底板,两者直接压嵌在一起。摩擦衬块外半径与内半径及推荐摩擦衬块外半径与内半径的比值不大于 1.5。若此比值偏大,工作时衬块的外缘与内侧圆周速度相差较多,则会使磨损不均匀,接触面积减少,最终导致制动力矩变化大。

对于盘式制动器衬块工作面积,推荐根据制动衬块单位面积占有的汽车质量在 1.6 ~3.5 kg/cm² 选用。

制动盘用合金钢制造并固定在车轮上,随车轮转动。分泵固定在制动器的底板上不动,制动钳上的 2 个摩擦片分别装在制动盘的两侧,分泵的活塞受油管输送来的液压作用,推动摩擦片压向制动盘发生摩擦制动,动起来就好像用钳子钳住旋转中的盘子迫使它停下来一样。

(3)钳盘式制动器

在钳盘式制动器中,由工作面积不大的摩擦块与其金属背板组成制动块。每个制动器中一般有 2 ~4 块。这些制动块及其促动装置都装在横跨制动盘两侧的夹错形支架中,称为制动钳。钳盘式制动器散热能力强,热稳定性好,故广泛应用于大多数轿车和轻型货车上。

钳盘式制动器按制动钳的结构型式可分为定钳盘式和浮钳盘式两种。

1）定钳盘式制动器

图1-3-8所示为定钳盘式制动器的结构示意图。制动盘固定在轮毂上,制动钳固定在车桥上,既不能旋转也不能沿制动盘轴向移动。制动钳内装有2个制动轮缸活塞,分别压住制动盘两侧的制动块。当驾驶员踩下制动踏板使汽车制动时,来自制动主缸的制动液被压入制动轮缸,制动轮缸的液压上升,两轮缸活塞在液压作用下移向制动盘,将制动块压靠到制动盘上,制动块夹紧制动盘,产生阻止车轮转动的摩擦力矩,实现制动。

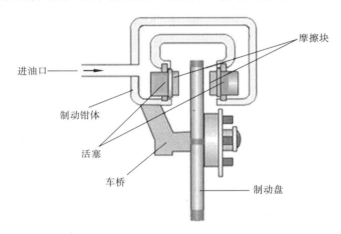

图1-3-8　定钳盘式制动器

2）浮钳盘式制动器

浮钳盘式制动器的制动钳是浮动的,可以相对于制动盘轴向移动。图1-3-9所示为浮钳盘式制动器的结构示意图。

在制动盘的内侧设有液压油缸,外侧的固定制动块附装在钳体上。制动时,制动液被压入油缸中。在液压作用下活塞向左移动,推动活动制动块也向左移动并压靠到制动盘上,于是制动盘给活塞一个向右的反作用力,使活塞连同制动钳体整体沿导向销向右移动,直到制动盘左侧的固定制动块也压到制动盘上。这时两侧制动块都压在制动盘上,制动块夹紧制动盘,产生阻止车轮转动的摩擦力矩,实现制动。

（4）全盘式制动器

图1-3-10所示为全盘式制动器的结构示意图。

在重型载货汽车上,要求有更大的制动力,为此采用全盘式制动器。全盘式制动器摩擦副的固定元件和旋转元件都是圆盘形的,分别称为固定盘和旋转盘。制动盘的全部工作面可同时与摩擦片接触,其结构原理与摩擦离合器相似。

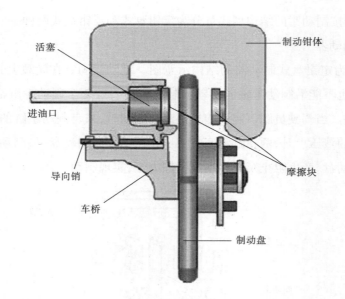

图 1-3-9　浮钳盘式制动器

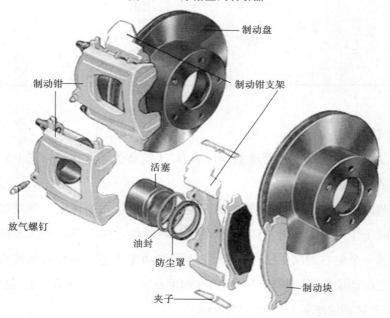

图 1-3-10　全盘式制动器

（5）盘式制动器的优点与缺点

1）优点

一般无摩擦助势作用，因而制动器效能受摩擦系数的影响较小，即制动效能较稳定；浸水后效能降低较少，只需经一两次制动即可恢复正常；在输出制动力矩相同的情况下，尺寸和质量一般较小;制动盘沿厚度方向的热膨胀量极小,不会像制动鼓的热膨胀那样使制动器间隙明显增加而导致制动踏板行程过大;较容易实现间隙自动调整,其他保养修理作业也较简便。

①热稳定性较好。因为制动摩擦衬块的尺寸不大,其工作表面的面积仅为制动盘面积的6%～12%,故散热性较好。

②水稳定性较好。因为制动衬块对盘的单位压力高,易将水挤出,同时在离心力的作用下沾水后也易于甩掉,再加上衬块对盘的擦拭作用,因而,出水后只需经一两次制动即能恢复正常;而鼓式制动器则需经过十余次制动方能恢复正常制动效能。

③制动力矩与汽车前进和后退行驶无关。

④在输出同样大小的制动力矩的条件下,盘式制动器的质量和尺寸比鼓式要小。

⑤盘式的摩擦衬块比鼓式的摩擦衬片在磨损后更易更换,结构也较简单,维修保养容易。

⑥制动盘与摩擦衬块间的间隙小(0.05～0.15 mm),缩短了油缸活塞的操作时间,并使制动驱动机构的力传动比有增大的可能。

⑦制动盘的热膨胀不会像制动鼓热膨胀那样引起制动踏板行程损失,这也使间隙自动调整装置的设计可以简化。

2)缺点

盘式制动器有自己的缺陷,例如对制动器和制动管路的制造要求较高,摩擦片的耗损量较大,成本贵,而且由于摩擦片的面积小,相对摩擦的工作面也较小,需要的制动液压高,必须要有助力装置的车辆才能使用,故用于液压制动系统时所需制动促动管路压力较高,一般要用伺服装置。

制动比较粗暴。两个粘有摩擦衬面的摩擦盘能在花键轴上来回滑动,是制动器的旋转部分。当制动时,能在极短时间使车辆停止。再加上压盘上球槽的倾斜角不可能无限大,所以制动不平顺。

(6)盘式制动器的故障诊断与维修

1)压表问题

气压表压力上升缓慢的原因有:①管路漏气;②气泵工作不正常;③单向阀锈蚀、卡滞;④油水分离器放油螺栓未关紧或调压阀漏气。

出现这种问题,可用这些方法解决:首先应排除管路漏气,再检查气泵工作状态。将气泵出气管拆下,用大拇指压紧出气口,若排气压力低,说明气泵有故障。若气泵工作状态良好,再检查油水分离器放油螺塞或调压阀,避免旁通,通过检查排除故障。最后检查三通接头中的 2 个单向阀,单向阀卡滞会造成储气筒不能进气或进气缓慢。

2）制动力问题

制动力疲软,总的原因有:①制动器漏油;②制动油路中有空气;③轮毂油封破损,钳盘上有油污;④制动严重磨损,摩擦面烧损;⑤气路气压调整过低。

解决方法:①改变制动衬块材料。可换用稍软的制动衬块材料,使摩擦系数相对得到提高,制动力变大。②清除制动衬块排屑槽中的异物。如果制动衬块的排屑槽被异物覆盖,制动时将失却排出尘土、刮去水分的作用,使制动力降低。

3）制动后跑偏

跑偏的直接原因是两侧车轮的制动力矩不等所致,常见的故障原因:①制动钳盘油污严重,摩擦系统数严重下降,造成制动力矩不平衡,此时应清除制动钳盘上的油污;②分泵活塞卡滞不能工作。静车踩制动,观察分泵工作情况,视情拆检。

4）制动发卡

故障现象:装载机起步行走吃力,停车后用手触摸钳盘,钳盘发热。主要原因:①摩擦片磨耗变薄,防尘圈损坏进水,活塞锈蚀卡滞;②加力泵中的复位弹簧疲软或折断,高压油不能加流。

5）加力泵问题

加力泵喷出制动液。故障现象:踩制动时,有油雾喷出。产生原因:①刹车灯开关损坏,高压油从开关接口处喷出,更换开关即可解决;②加力泵活塞杆长度过大。这种情况在新换加力泵总成时有可能出现,其原因为:活塞杆调整过长,造成加力泵工作时,活塞行程过大,制动液从泄油孔回流至加力泵内并喷出。安装时应测量活塞工作行程,以确定活塞杆的长度。

6）制动液问题

植物油型制动液无法满足盘式制动器的使用要求,因此必须使用高沸点的合成制动液。但是,合成制动液具有吸水特性。在某些使用条件中,沸点下降很快。为防止制动液沸点的明显下降,一般常采用以下一些措施:

①定期更换制动液。夏季 3 个月或行驶大于 5 000 km,冬季 6 个月或行驶 1 000 km 后,将制动液更新。

②不同性质的制动液不可互换使用或混用。

③密闭保存制动液。要限制制动液温度升高,应保证活塞能灵活地自动回位,避免因锈蚀、发卡使制动器打滑或发咬。当制动衬块磨耗过多时,传到制动液的热量也会迅速增加。因此,应及时更换磨耗了的制动衬块。

7）噪声问题

制动时,若有"嘎吱"的噪声时,可采用下述方法排除:

①在制动器钳体活塞和制动衬片之间,加一防噪声片,使活塞上形成一倾斜度,从而保证

制动时制动衬块和制动盘柔性接触,使制动衬块在正常磨损状态下无异常噪声出现。

②选择材质软些、密度小些的制动衬块材料。

③制动时,制动衬块向一侧移动,可能出现撞击声响。这是由于制动衬块和钳体之间的间隙过大所致,可用镀覆焊锡的方法消除间隙。但须注意,应使焊锡镀覆在与行驶方向相反的一侧,防止其在制动力的作用下失效。

8)前轮轴承损坏

制动钳体一般装配在转向节后侧,这可使制动时相对地减轻前轮轴承的负荷。但是,有的车型把钳体装于轴的前方,加重了前轮轴承的合成载荷,容易造成前轮轴承的提前损坏。因此,对于采用这种结构的车轮,应适时地进行调整和检修。

课题 1.4 防抱死制动系统

防抱死制动系统(Anti-locked Braking System,ABS),是一种具有防滑、防锁死等优点的汽车安全控制系统,已广泛运用于汽车上。ABS 主要由电子控制单元(Electronic Control Unit,ECU)、车轮转速传感器、制动压力调节装置和制动控制电路等部分组成。

制动过程中,ABS 控制单元不断从车轮速度传感器获取车轮的速度信号,并加以处理,进而判断车轮是否即将被抱死。ABS 的特点是当车轮趋于抱死临界点时,制动分泵压力不随制动主泵压力增加而增大,压力在抱死临界点附近变化。如:判断车轮没有抱死,制动压力调节装置不参加工作,制动力将继续增大;如判断出某个车轮即将抱死,ECU 向制动压力调节装置发出指令,关闭制动缸与制动轮缸的通道,使制动轮的压力不再增大;如判断出车轮出现抱死拖滑状态,即向制动压力调节装置发出指令,使制动轮缸的油压降低,减少制动力。

1.4.1 车轮的行驶与制动

(1)制动过程中车轮的三种运动状态

①纯滚动状态。纯滚动状态时车速等于轮速,这是制动时的第一阶段,这时路面印痕与胎面花纹基本一致。

②边滚边滑状态。汽车制动时的第二阶段是边滚边滑状态,此时,车速大于轮速。汽车处于边滚边滑状态时,可以辨认出胎面花纹,但胎面花纹逐渐模糊。

③抱死拖滑状态。抱死拖滑状态时轮速等于零,这属于传统制动系统制动时的第三阶段,这时路面留下粗黑的印痕,如图 1-4-1 所示。

图 1-4-1　车轮滑动

(2)制动时车轮抱死的危害

传统的制动系统只提供足够大的制动器制动力。行车时,若猛地踩下制动踏板,制动力大于路面的附着力时将导致车轮抱死产生拖滑。

①若前轮抱死拖滑而后轮还在滚动,则汽车将丧失转向能力。若汽车转向时制动,出现车轮抱死,车辆将失去转向能力,对安全行车造成极大的危害,如图 1-4-2 所示。

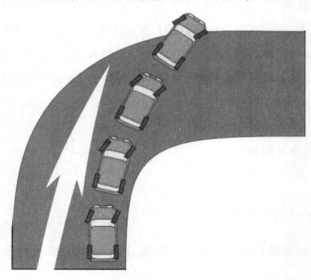

图 1-4-2　前轮抱死时汽车的运动情况

②若后轮抱死拖滑而前轮还在滚动,则汽车将会出现严重的甩尾、侧滑,高速制动时甚至会出现急转掉头现象,如图1-4-3所示。如果前后同时抱死,会造成整个行车方向失控。

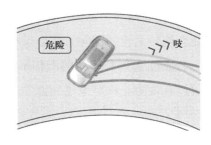

③一旦车轮抱死拖滑,汽车制动力就会减少,将导致制动距离增加。

④轮胎与路面产生剧烈的相对运动使轮胎温度升高,磨损加剧,车辆容易因轮胎出现损坏而失控导致事故发生。

图 1-4-3　后轮抱死时汽车的运动情况

1.4.2　ABS 工作原理及控制原理

（1）ABS 工作原理

在制动时,ABS 根据每个车轮速度传感器传来的速度信号,可迅速判断出车轮的抱死状态,关闭开始抱死车轮上面的常开输入电磁阀,让制动力不变,如果车轮继续抱死,则打开常闭输出电磁阀,这个车轮上的制动压力由于出现直通制动液贮油箱的管路而迅速下移,防止因制动力过大而将车轮完全抱死,让制动状态始终处于最佳点（滑移率为20%）,制动效果达到最好,行车最安全。

在制动总泵前面腔内的制动液是动态压力制动液,它推动反应套筒向右移动,反应套筒又推动助力活塞从而使制动踏板推杆向右移。因此,在 ABS 工作的时候,驾驶员可以感觉到脚上踏板地颤动,听到一些噪声。

汽车减速后,ABS 电脑一旦检测到车轮抱死状态消失,它就会让主控制阀关闭,从而使系统转入普通的制动状态下进行工作。如果蓄压器的压力下降到安全极限以下,红色制动故障指示灯和琥珀色 ABS 故障指示灯亮,在这种情况下,驾驶员要用较大的力进行深踩踏板式的制动方式才能对前后轮进行有效的制动。

（2）ABS 控制原理

ABS 控制目的是使汽车获得最大制动力,从而缩短制动距离,确保良好的操纵稳定性,并防止汽车侧滑和甩尾。目前较成熟的 ABS 大都基于车轮加、减速度门限值以及参考滑移率,但不能很好地保证车轮的车轮滑移率维持在最佳车轮滑移率（20%）附近,因此选择基于车轮的滑移率为控制目标并通过连续控制的方式,使汽车在制动时的车轮滑移率维持在最佳车轮滑移率附近。ABS 将车轮滑移率控制在最佳车轮滑移率,一方面可以保证地面可以提供足够的纵向、侧向附着力,另一方面可以保证汽车制动时的操纵稳定性。在转弯制动工况下,车轮抱死会使转向轮的侧向力变得很小,使车轮丧失转向能力,并产生很大的横摆力矩使汽车失稳。若通过 ABS 将车轮的滑移率控制在 20% 附近,不仅可以给车轮提供较大的纵、侧向力,还可以有效防止汽车甩尾失稳等危险工况发生。

1.4.3　ABS 的作用与分类

（1）作用

随着汽车的迅速普及,汽车交通事故已成为我们身边巨大的社会问题。为使汽车制动时,保证车轮不抱死而获得最佳的制动效果,靠传统的制动系统是无法做到的,靠驾驶员操作制动踏板的水平也是不现实的。汽车的安全性舒适性日益成为人们选购汽车的重要依据。目前已广泛采用的 ABS 系统,使人们对安全性的要求得到充分的满足。

ABS 系统有以下功能:

①预先防止轮胎抱死维持最佳的制动力,缩短制动距离。

②防止前轮抱死,增加转向稳定性。保证在转向操作时具有良好的道路行驶性能,使车辆通过转向操作绕开障碍物,防止因后轮抱死导致汽车甩尾。

③减少汽车制动时轮胎的磨损,同时也避免轮胎在紧急制动时严重磨损而引起的爆胎,提高汽车安全性能。

④使用方便,工作可靠,可减少驾驶员的疲劳强度。

（2）分类

1）按控制通道分类

在 ABS 中,对能够独立进行制动压力调节的制动管路称为控制通道。ABS 装置的控制通道分为四通道式、三通道式、二通道式和一通道式。

①四通道式。四通道 ABS 有 4 个轮速传感器,在通往 4 个车轮制动分泵的管路中,各设 1 个制动压力调节器装置,进行独立控制,构成四通道控制形式。但是如果汽车左右 2 个车轮的附着系数相差较大（如路面部分积水或结冰）,制动时 2 个车轮的地面制动力就相差较大,因此会产生横摆力矩,使车身向制动力较大的一侧跑偏,不能保持汽车按预定方向行驶,会影响汽车的制动方向稳定性。因此,驾驶员在部分结冰或积水等湿滑的路面行车时,应降低车速,不可盲目迷信 ABS 装置。

②三通道式。三通道 ABS 是对两前轮进行独立控制,两后轮按低选原则进行一同控制

（即2个车轮由1个通道控制，以保证附着力较小的车轮不抱死为原则），也称混合控制。

性能特点：两后轮按低选原则进行一同控制时，可以保证汽车在各种条件下左右两后轮的制动力相等，即使两侧车轮的附着系数相差较大，两个车轮的制动力都限制在附着力较小的水平，使两个后轮的制动力始终保持平衡，保证汽车在各种条件下制动时都具有良好的方向稳定性。

对两前轮进行独立控制，主要考虑小轿车，特别是前轮驱动的汽车，前轮的制动力在汽车总制动中所占的比例较大（可达70%左右），可以充分利用两前轮的附着力。但由于两前轮制动力不平衡，对汽车行驶方向稳定性影响相对较小，而且可以通过驾驶员的转向操纵对由此产生的影响进行修正。因此，三通道ABS在小轿车上被普遍采用。

③二通道式。二通道式ABS难以在方向稳定性、转向控制性和制动效能各方面得到兼顾，目前采用很少。

④一通道式。一通道式ABS常叫单通道ABS，它是在后轮制动器总管中设置1个制动压力调节器，在后桥主减速器上安装1个轮速传感器（也有在后轮上各安装1个）。

2）按控制参数分类

ABS按控制参数分类可以分为以车轮滑移率为控制参数的ABS和以车轮角加速度为控制参数的ABS。

①以车轮滑移率为控制参数。根据车速和轮速传感器的信号计算车轮的滑移率作为控制制动力的依据。ABS的ECU将实际车辆的滑移率和存储器内的设定值进行比较，输出增大或减小制动力的信号，通过制动压力调节器来调节制动轮缸中的压力值，控制滑移率在设定的范围内。

②以车轮角加速度为控制参数。ECU根据轮速传感器信号计算车轮的角加速度作为控制制动力的依据。ECU中设置合理的角加速度、角减速度门限值。制动时，当车轮角减速度达到门限值时，ECU输出减小制动力信号；当车轮转速升高至角加速度门限值时，ECU输出增加制动力信号。

3）按控制形式分类

①独立控制。电单元根据各个轮速传感器提供的信号，单独对各个平轮进行控制。

②按高选原则同控制。对2个车轮实施同控制时，如果以保证附着力较大的车轮不发生制动抱死为原则进行制动压力调节，则称这2个车轮是按高选原则一同控制。

③按低选原则同控制。对2个车轮实施一同控制时，如果以保证附着力较小的车轮不发生制动抱死为原则进行制动压力调节，则称这2个车轮是按低选原则一同控制。

1.4.4　ABS 的组成

（1）控制单元

控制单元即 ECU，一般是由微处理器和其他必要的电路组成，一般内装油泵电动机、电磁阀继电器，它是 ABS 的控制中心，ECU 的功能如下。

①接受传感器输入的信号。传感器输入的信号包括 4 个轮速传感器传来的车轮转速信号、车速信号等。

②对输入的信号进行运算及处理。对输入的信号进行运算及处理，得出制动时车轮的滑移率、车轮的加速度和减速度，以判断车轮是否有抱死趋势。

③发出控制指令，控制制动压力调节器去执行压力调节任务。ECU 的控制指令及输出信号，包括给液压调节器的控制信号、输出的自诊断信号和输出给 ABS 故障指示灯的信号。

④工作前的初始检查。点火开关置于"ON"位置后，ECU 将对自身微处理器功能进行检查，对重要的外围电路进行检查，若检查结果正常，则 ABS 开始工作。

ECU 对外围电路进行检查，包括：比较各电磁阀的电阻及让电磁阀工作，判断是否正常；使电动机工作，判断是否正常；确认所有轮速传感器有信号输入。

初始检查过程中，会按顺序激活制动器执行器总成的各个电磁阀和电动机，以执行电气检查。可听见来自发动机舱的电磁阀和电动机的工作声音，但这不是故障。

⑤行驶中的定时检查。行驶中定时的检查功能包括由微处理器进行的检查和外围电路本身的检查。如果有故障，由微处理器最后确认，与故障内容相对应的故障编码被储存在 ECU 内的存储器。

⑥自动诊断显示。如果安全保护电路检查出有异常情况，则停止 ABS 的工作，返回原有的制动方式（不使用 ABS），且 ECU 呈现故障状态。这时 ECU 显示出故障信息。

ABS 系统工作时，ECU 实时检测 4 个车轮的转速，通过连续计算得到车速，从车轮转速与车速的对应关系即可判断每个车轮的滑移程度，通过电磁阀调节每个车轮的制动压力，保证车轮能最大限度地抓紧地面；当发现有车轮速度接近于零将要抱死时，立刻运行相应程序，对其实施防抱死控制，即减小制动液压系统的压力。

（2）传感器

①制动灯开关。将制动信号传给 ECU，减小制动踏板的抖动。

②车速传感器。车速传感器向 ECU 传递车速信号，通常安装在变速器的输出轴或仪表

内,有电磁式霍尔式、舌簧式等类型。

③加速度传感器。它能检测制动时汽车的减速度以确定车辆是在高附着系数道路(沥青道路等)还是在低附着系数道路(积雪道路等)上行驶。采用加速度传感器可以对由车轮转速计算出来的车速进行补偿,使制动时滑移率的计算更加精确。

加速度传感器有簧片开关式、光电式、水银式等。安装位置因车而异,有的安装在行李舱内,有的安装在发动机舱内,也可以安装在驾驶室座椅下方。

a. 簧片开关式加速度传感器。在正常状态时,簧片开关在磁铁的作用下闭合;汽车在低附着系数路面上制动时,减速度很小,重块不移动,簧片开关依然保持闭合;汽车在高附着系数路面上制动时,减速度很大,重块移动,重块中的磁铁离开簧片开关,磁场消失,簧片开关被打开。

b. 光电式加速度传感器。光电式加速度传感器由2只发光二极管LED、2只光敏晶体管、1块遮光板和信号处理电路等组成。光电式加速度传感器遮光板的作用是透光或遮光。

汽车匀速行驶时,遮光板静止不动,发光二极管发出的光线被遮光板上的齿扇挡住而不能照射到光敏晶体管上,光敏晶体管处于截止状态,传感器无信号输出。

当汽车减速时遮光板摆动,发光二极管发出的光线通过遮光板上的开口照射到光敏晶体管上,使光敏晶体管导通。减速度大小不同,遮光板摆动角度就不同,2只光敏晶体管"导通"与"截止"状态也就不相同,输出的信号也不同。

c. 水银式加速度传感器。水银式加速度传递器由玻璃管和水银组成,当汽车制动时,足够大的减速度产生力将水银上抛,接通电路,将加速度信号传给ECU。

④轮速传感器。轮速传感器是车轮速度传感器的简称,它对车轮转速进行非接触式检测,向ECU输入轮速信号,ECU通过轮速传感器可以识别车轮转速、车轮旋转方向及是否停转等,从而进行准确的控制。

轮速传感器一般安装在车轮处,但有些驱动车轮的轮速传感器设置在主减速器或变速器中。轮速传感器的安装位置如图1-4-4所示。

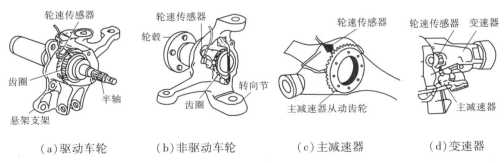

（a）驱动车轮　　（b）非驱动车轮　　（c）主减速器　　（d）变速器

图1-4-4　轮速传感器的位置

　　轮速传感器根据工作原理的不同,可以分为被动式(电磁式)和主动式(霍尔式)轮速传感器。

　　a. 电磁式轮速传感器。电磁式轮速传感器是通过线圈的磁通变化,感应出脉冲电压信号的装置,它的结构如图1-4-5所示,主要由传感器头和齿圈两部分组成,传感器头又由永磁体、极轴和感应线圈等组成,极轴头部结构有凿式和柱式两种。电磁式轮速传感器工作原理如图1-4-6所示,传感器头被线圈包围直接安装在齿圈上方,传感器头与齿圈间的间隙约1 mm。极轴同永磁体相连接磁体的磁通延伸到齿圈并与它构成磁路。齿圈一般安装在轮毂或轴座上,后轮驱动车辆齿圈也可安装在差速器或传动轴上。齿圈随车轮或传动轴一起转动。电磁铁产生一定强度的磁场,齿圈在磁场中旋转时,齿圈齿顶和电极之间的间隙就以一定的速度变化,这样就会使齿圈和电极组成的磁路中的磁阻发生变化。通过感应线圈的磁通量呈周期性增减,在线圈两端产生正比于磁通量增减速度的感应电压。轮速传感器的输出信号为正弦波形,其频率变化与轮速相对应。ABS电控单元即通过检测感应电动势的频率变化来检测车轮速度。

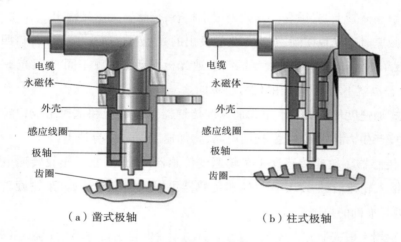

（a）凿式极轴　　　　　　　　（b）柱式极轴

图1-4-5　电磁式轮速传感器结构图

　　b. 霍尔式轮速传感器。霍尔式轮速传感器包括霍尔轮速传感器和磁阻轮速传感器。霍尔式轮速传感器克服了电磁式轮速传感器的缺点,其能保证在很低的速度下都有很强的信号。霍尔式轮速传感器是利用霍尔效应的原理制成的,由传感器头和齿圈组成。传感器头由永久磁体霍尔元件和电子电路等组成,永久磁体的磁力线穿过霍尔元件通向齿轮。

　　当齿圈位于如图1-4-7(a)所示位置时,穿过霍尔元件的磁力线分散,磁场相对较弱;而当齿圈位于如图1-4-7(b)所示位置时,穿过霍尔元件的磁力线集中,磁场相对较强。齿圈转动时,使得穿过霍尔元件的磁力线密度发生变化,因而引起霍尔电压的变化。此电压信号再由电子电路转换成标准的脉冲电压信号输入电控单元。

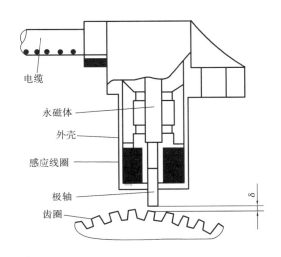

图 1-4-6　电磁式轮速传感器工作原理图

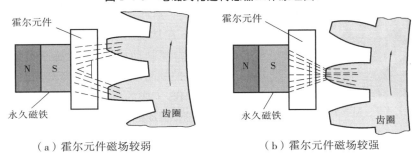

（a）霍尔元件磁场较弱　　　　　　　（b）霍尔元件磁场较强

图 1-4-7　霍尔式车轮轮速传感器的工作原理

霍尔式轮速传感器具有以下优点:输出信号电压值不受转速的影响,汽车电源电压为 12 V条件下,其输出信号电压保持在 11.5 ~ 12 V 不变,即使车速接近于零也不变;频率响应高,其响应频率高达 20 kHz,用于 ABS 时相当于车速为 100 km/h 所检测的信号频率;由于其信号电压不随转速的变化而变化,且幅值高,故有很强的抗电磁波干扰的能力。

c.磁阻式轮速传感器。磁阻式轮速传感器改正了电磁式轮速传感器的缺点,可以工作在任何车速,还可以探测车轮的旋转方向,而且磁性转子的体积小、质量小。如图 1-4-8 所示,磁阻式轮速传感器和电磁式轮速传感器安装位置相同,由带有磁性的转子和传感器头组成。

（3）ABS 警告灯

ABS 警告灯位于仪表板内,如图 1-4-9 所示。ABS 警告灯工作情况如下:

①点火开关接通后,ABS 警告灯闪烁几次后熄灭,表明 ABS 自诊断完毕,系统正常。如果不熄灭,表明系统有故障。

②如果在系统中检测到任何电气故障,ABS 警告灯点亮,然后 ABS 停用,车辆制动系统返回常规操作。

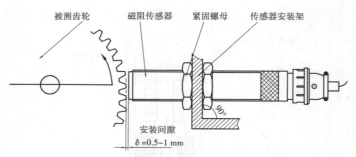

被测齿轮　磁阻传感器　紧固螺母　传感器安装架

安装间隙
δ=0.5~1 mm

图 1-4-8　磁阻式轮速传感器

图 1-4-9　ABS 警告灯

③ABS 进行自我诊断时,ABS 警告灯点亮。

1.4.5　ABS 的工作过程

ABS 在常规制动基础上工作,制动中车轮未抱死时,与常规制动相同;车轮趋于抱死时,ABS 才工作,ECU 控制制动压力调节器对轮缸制动压力进行调节。ABS 工作的汽车车速必须大于 5 km/h,若低于该车速,制动时车轮仍可能抱死。常规制动系统出现故障,ABS 随之失去控制作用;ABS 出现故障,ECU 自动关闭 ABS,同时 ABS 警告灯点亮并存储故障码,但常规制动系统仍可正常工作。

制动过程中,ABS 的 ECU 不断地从轮速传感器及车速传感器获取信号,并加以处理,计算车轮的滑移率,分析是否有车轮即将抱死拖滑并进而控制液压力来精确地控制车轮的滑移率,以保证汽车获得最大的地面制动力、最短的制动距离和良好的制动方向稳定性,使实际制动过程接近理想制动过程。ABS 的工作过程一般可以分为增压(升压)状态、保压状态及减压(降压)状态。

（1）可变容积式调节器

可变容积式调节器的 ABS 制动压力油路和 ABS 控制压力油路相互隔开,如图 1-4-10 所示,它在汽车原有的制动管路上增加一套液压装置,用它控制制动管路容积的增减,从而控制制动压力的变化。可变容积式压力调节器由液压部件储液室、电动泵、储能器、电磁阀等组成。电磁阀和微型电动机根据 ECU 指令进行工作。这种方式的特点是通过改变电磁阀柱塞的位置来控制动力活塞的移动,改变缸侧管路容积,利用这种变化间接地控制制动压力的增减。其制动压力的增减速度取决于动力活塞的移动速度。

①常规制动过程。如图 1-4-11 所示,液压部件的活塞被弹簧力推至左端,活塞顶端有一推杆顶开止回阀,使制动主缸和制动轮缸之间的管路接通。这种状态是 ABS 工作之前或工作之后的常规制动工况,制动主缸直接控制制动压力的增减。

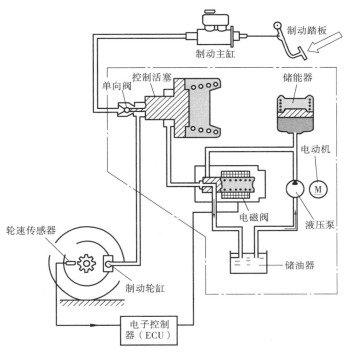

图 1-4-10　可变容积式调节器工作原理

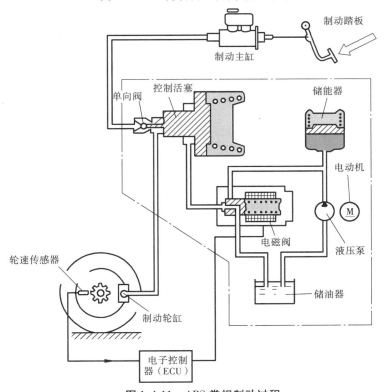

图 1-4-11　ABS 常规制动过程

②减压过程。如图 1-4-12 所示,电磁阀通入较大的电流,电磁阀内的柱塞移到右边,电动泵工作,储能器中储存的高压液体通过管路作用在动力活塞的左侧,产生一个与弹簧力方向相反的作用力。动力活塞右移,止回阀关闭,制动主缸和制动轮缸之间的通路被切断。因动力活塞右移,动力活塞左端的容积增大,制动轮缸管路的油压减小。

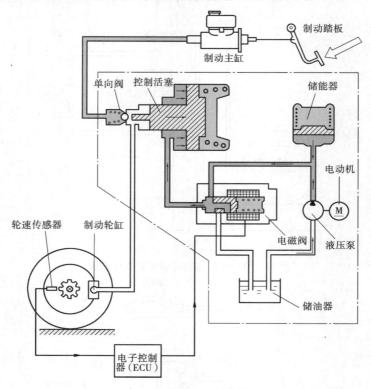

图 1-4-12　ABS 减压过程

③保压过程。如图 1-4-13 所示,ABS 的 ECU 控制电磁阀通入较小的电流,电磁阀柱塞移到左边,作用在活塞左侧的液压得以保持。动力活塞两端承受的作用力相等,动力活塞静止不动,管路容积也不发生变化,能够保持制动压力。

④增压过程。增压过程和常规制动过程相同。这时,电磁阀断电,柱塞回到初始位置,作用在动力活塞左侧的高压被解除,动力活塞重新顶开止回阀。

（2）循环式压力调节器

循环式制动压力调节器又称流通式制动压力调节器,它的制动压力油路和 ABS 控制压力油路相通。这种压力调节器结构简单、控制方便,被广泛采用。循环式压力调节器包括储能器（又称储液器）、回油泵及电磁阀等。循环式压力调节器的轮缸常规工作状态如图 1-4-14 所示。

电磁阀串联在汽车原有的制动管路中,直接控制压力的增减。循环式调节器有的使用 1 个

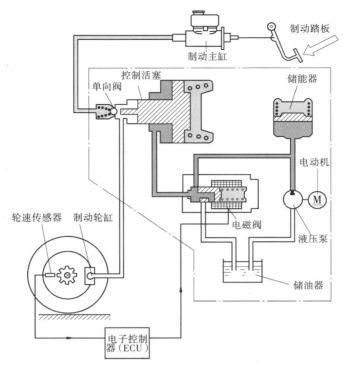

图 1-4-13　ABS 保压过程

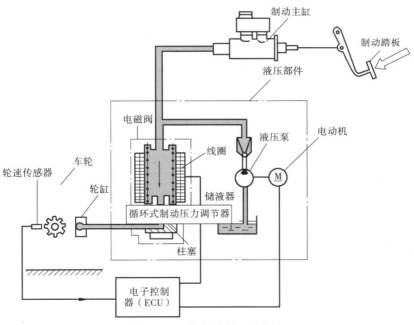

图 1-4-14　轮缸常规工作状态

电磁阀,有的使用 2 个电磁阀。回油泵是 1 个电动高压泵,这种液压泵又称再循环泵。它可在短时间内将制动液加压到 14 ~ 18 MPa。它的作用是把减压过程中轮缸流回的制动液送回高压端,这样可以防止 ABS 工作时制动踏板行程发生变化。液压泵和主缸间的管路中设置一个止回阀,不让高压制动液直接进入主缸,而是进入储能器中暂时储存起来。ABS 的增压过程主要是由储能器供给高压制动液。因此,可以抑制 ABS 工作过程中产生的踏板行程变化。

①升压过程。升压控制过程又称常规制动过程。当驾驶员踩下制动踏板时,制动主缸的压力升高,这时 ABS 的 ECU 根据轮速传感器传来的信号判断车轮滑移率太低,ECU 控制制动压力调节器中的电磁阀不通电。该电磁阀一般为三位三通式电磁阀,由柱塞、弹簧、固定铁芯等组成,直接控制轮缸的制动压力。电磁阀在 ECU 控制下,有通电电流为零、通电电流较小及通电电流较大 3 种工作状态,分别对应于"升压""保压"及"减压"3 种位置。

如图 1-4-15 所示,这时制动主缸和制动轮缸是相通的,来自制动主缸的制动液直接进入制动轮缸,制动主缸可随时控制制动压力的增减。此时压力调节器的回油泵不工作,车轮转度迅速降低,直到 ABS 的 ECU 通过轮速传感器识别出车轮有抱死的倾向为止。

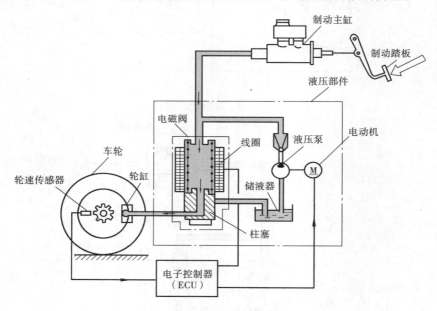

图 1-4-15　轮缸升压过程

②保压过程。当驾驶员继续踩住制动踏板时,制动主缸的压力继续升高,此时 ABS 的 ECU 根据轮速传感器传来的信号判断车轮有抱死的趋势,开始控制制动压力调节器中的电磁阀通过较小电流(2A),电磁线圈产生电磁吸力小,吸动衔铁上移量少,但能适当压缩弹簧,所有的通道都被截断,来自制动主缸的制动液不进入制动轮缸,所以能保持制动压力,如图 1-4-16 所示。此时压力调节器的回油泵不工作。

③减压过程。车轮在保压阶段抱死倾向进一步加大时,ABS 进入降压阶段。ABS 的 ECU 根据轮速传感器传来的信号判断车速仍然过低,有抱死的趋势(滑移率为 20% ~ 25%)时,

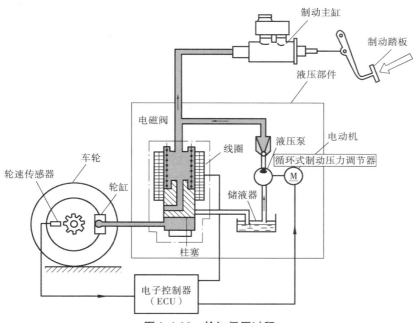

图 1-4-16 轮缸保压过程

ECU 控制电磁阀线圈通入较大电流（5A），产生电磁吸力大，压缩弹簧，使柱塞移至上端。如图1-4-17所示，制动主缸和制动轮缸的通路被截断，制动轮缸和储能器接通，制动轮缸的制动液流入储能器，制动压力降低。与此同时，驱动电动机启动，带动液压泵工作，把流回储能器的制动液加压后输送到制动主缸，制动压力降低，制动踏板出现抖动，车轮抱死程度降低，车轮转速增大。

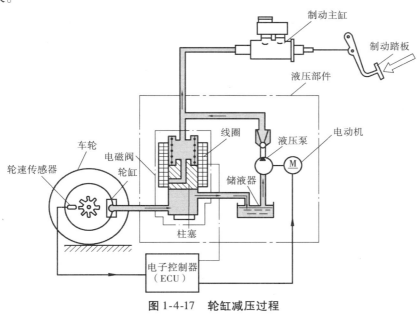

图 1-4-17 轮缸减压过程

④增压过程。当车轮抱死倾向被减少到一定程度时,ABS 的 ECU 控制电磁阀断电,柱塞又回到初始位置。制动主缸和制动轮缸再次相通,制动主缸端的高压制动液(包括液压泵输出的制动液)再次进入制动轮缸,增加了制动压力。

1.4.6 使用 ABS 的注意事项

尽管 ABS 在紧急制动时可以提高车辆稳定性,但无法防止由于驾驶不当或危险驾驶而导致的意外,所以仍需保持足够的制动距离和谨慎安全驾驶。

使用 ABS 时要注意以下事项:

①应保持与前车之间的安全距离。

②使用 ABS 的汽车和传统制动系统的制动操作方法是一样的。但在紧急制动时,不要重复地踩制动踏板,只要把脚持续地踩在制动踏板上,ABS 就会自动进入制动状态不需人工干预。多踩几下制动踏板,反而会使 ABS 的 ECU 得不到正确信号,导致制动效果不良。

③不要快速操作转向盘,例如急速变换车道或快速、突然转弯,否则可能导致车辆在公路上失控,会增大翻车的危险。

④须扣紧安全带。车辆发生严重撞击时,未佩戴安全带的乘客比佩戴安全带的乘客死亡率高;不要超过规定的车速。

⑤轮胎处于陷在泥浆或雪地等情况打滑时,过度踩下加速踏板可能会导致变速器严重损坏。此时,应该采用其他方式,如拖车等。

⑥不要用加快车速或转弯的方式来测试 ABS 的安全性能,这会危及人的安全。

⑦ABS 工作时,制动踏板可能轻微振动,发动机舱内可能会传出噪声,这是正常现象,表明防抱死制动系统正常运作。

⑧在崎岖、有砂石或覆盖积雪等恶劣的路面行驶时要减速。因为在以上路面环境下,以及车辆在安装防滑链时,装配 ABS 的车辆可能比未装 ABS 的制动距离长。

⑨一旦 ABS 出现故障,ABS 警告灯会持续点亮,此时 ABS 不起作用,但常规制动系统仍有效,驾驶员只需按常规方法制动即可。

⑩ABS 警告灯在汽车打开点火开关后约 1.7 s 熄灭,之后如果 ABS 警告灯继续点亮、在行车过程中点亮或在打开点火开关后一直不亮,说明 ABS 有故障,需检修。

⑪ABS 为驾驶员提供了在制动过程中方向的可操纵性,所以在制动过程中(ABS 正常工作)别忘了转动转向盘绕开障碍物。

⑫ABS 工作时,会感觉到制动踏板的抖动,同时也会听到液压控制器工作的声音,这是正常现象,不要松开制动踏板,这样才能保证足够和连续的制动力,使 ABS 有效地发挥作用。

1.4.7　维修 ABS 注意事项

①ABS 与普通制动系统是不可分的普通制动系统,且出现问题,ABS 就不能正常工作。

②ABS 的 ECU 对过电压、静电非常敏感,如有不慎就会损坏 ECU 的芯片,造成整个 ABS 瘫痪。除非检查程序中有特殊规定,否则应确保在点火开关置于"OFF"位置时拆下和安装 ECU、制动器执行器和各传感器等。

③维修车轮速度传感器时定要十分小心,拆卸时注意不要碰伤传感器头,不要用传感器齿圈当作撬面,以免损坏传感器。

④在对高压储能器这类制动系统的液压系统进行维修作业之前,应首先进行泄压,使储能器中的高压制动液完全释放,在释放储能器中的高压制动液时,先将点火开关断开,然后反复踩下和放松制动踏板(至少要 25 次以上),直到踩制动踏板觉得很硬时为止。

⑤制动液至少每隔两年要更换一次,最好是每年更换一次。

⑥在更换 ABS 零部件时,一定要选用本车型高质量正宗的配件,确保 ABS 维修后能正常工作。

⑦对于接触不良的插头,如果将其重新安装,只能暂时恢复到正常状态,所以应该更换接触不良的插头。

⑧由于 ABS 会受其他系统故障的影响,所以一定要检查其他系统的故障码。

⑨如果 ECU、制动器执行器或传感器已被拆下并安装,有必要在重新装配零件后检查系统是否有故障。使用智能检测仪检查故障码,并使用测试模式检查并确认系统功能和 ECU 接收到的信号正常。

⑩ABS 出现故障时,按故障码优先的原则,先读取故障码及定格数据。无论何时检测到 ABS 的诊断故障代码(DTC),ABS 的 ECU 都会将当前车辆传感器的状态作为定格数据存储下来。读取定格数据有利于故障的分析。

⑪ABS 绝大多数元件不能拆修,只能更换。

⑫液压控制装置维修完后,要进行排气。

⑬拆下零件前要将点火开关置于"OFF"位置。

⑭检查零件时如果没有发现异常情况,检查 ABS 的 ECU 和连接点是否存在接触不良。

⑮检测到 2 个或多个 DTC 时,逐个执行电路检查直至发现故障。

⑯在所列故障的可疑部位前,应先检查熔断丝和继电器。

⑰防抱死制动系统的故障排除步骤建立在 CAN 通信系统功能正常的基础上。对防抱死制动系统进行故障排除前,应首先检查 CAN 通信系统。

CAN（Controller Area Network）总线又称汽车总线，其全称为控制器局域网，其目的是使汽车控制系统的数据传输实现高速化，并使汽车控制系统简单化。CAN 总线是德国 Bosch 公司为解决现代汽车中众多的电控单元之间的数据交换而开发的一种串行通信协议。CAN 总线在诸多汽车总线中有着重要的地位，现已成为汽车总线的代名词。

CAN 通信系统用于防滑控制 ECU 和其他 ECU 之间的数据通信。如果 CAN 通信线路中有任何故障，则输出通信线路中相应的故障码。如果输出任何 CAN 通信线路中的 DTC，应在数据通信正常时维修通信线路中的故障并对 ABS 系统进行故障排除。为实现 CAN 通信，CAN 通信线路使用了特种电线。用于各通信线路的电线为同等长度的双绞线。最好不要使用旁通线束，因为这样会破坏正在传送中的数据。

课题 1.5　电子稳定铺助系统

电子稳定辅助系统（Electronic Stability Program，ESP）其实是 ABS 和驱动轮防滑转系统（Acceleration Slip Regulation，ASR）功能上的延伸，可以说是当前汽车防滑装置的最高形式，主要由控制总成及转向传感器（监测转向盘的转向角度）、车轮传感器（监测各个车轮的速度转动）、侧滑传感器（监测车体绕纵轴线转动的状态）、横向加速度传感器（监测汽车转弯时的离心力）等组成。控制单元通过这些传感器的信号对车辆的运行状态进行判断，进而发出控制指令，从而有针对性地弥补车辆滑动。

1.5.1　ESP 的工作原理

ESP 是一套电脑程序，通过对各传感器传来的车辆行驶状态信息进行分析，进而向 ABS 和 ASR 发出纠偏指令，帮助车辆维持动态平衡。工作时，ESP 不需要驾驶员对其操作，而是根据实际情况做出自动反应，从而实现主动安全，不再盲目服从驾驶员，使汽车行驶安全性大大提高。最重要的信息由偏转率传感器提供，负责测定汽车围绕纵轴的旋转运动（偏转率），其他传感器负责记录偏航角速度和横向加速度。ECU 计算保持车身稳定的理论值，与偏转率传感器和横向加速度传感器测得的数据进行比较，发出平衡纠偏指令。转向不足产生向理想轨迹曲线外侧的偏离倾向，过度转向产生向理想轨迹曲线内侧的偏离倾向。ESP 自动纠正驾驶员的不足转向和过度转向。

1.5.2 ESP 工作方式

ESP 是建立在其他牵引控制系统之上的一个非独立的系统。如图 1-5-1 所示,ESP 由传统制动系统、传感器液压调节器、电子控制单元和辅助系统组成。在计算机实时监控汽车运行状态的前提下,对发动机及控制系统进行干预和调控。

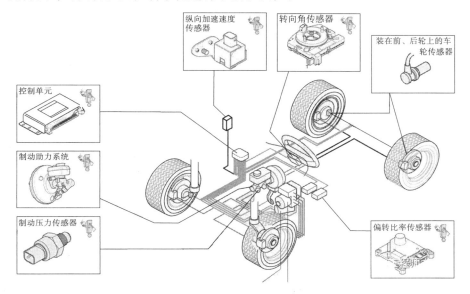

图 1-5-1 ESP 系统结构及其部件

ESP 主要在以下情况时起作用:躲避前方突然出现的障碍物;在急转弯车道上高速行驶;在地面附着力不同的路面行驶等。

ESP 负责实时监控汽车的行驶状态。在紧急闪避障碍物,或在过弯时出现转向不足、转向过度时,ESP 都能帮助车辆按照理想轨迹前进。

（1）ESP 的组成

如图 1-5-3 所示,ESP 系统一般由传感器、电子控制单元、执行器和警示装置组成。主要用于检测汽车状态和驾驶员操作的传感器部分;用于估算汽车侧滑状态和计算恢复到安全状态所需的旋转动量和减速度的 ECU 部分;用于根据计算结果来控制每个车轮制动力和发动机输出功率的执行器部分;用于告知驾驶员汽车失稳的信息部分如图 1-5-2(a)所示。ESP 系统各零件在车上的安装位置如图 1-5-2(b)所示。

1）ESP 的传感器

ESP 通过传感器时监控车辆行驶状态驾驶员驾驶状态和驾驶员行为,通过中央处理器分

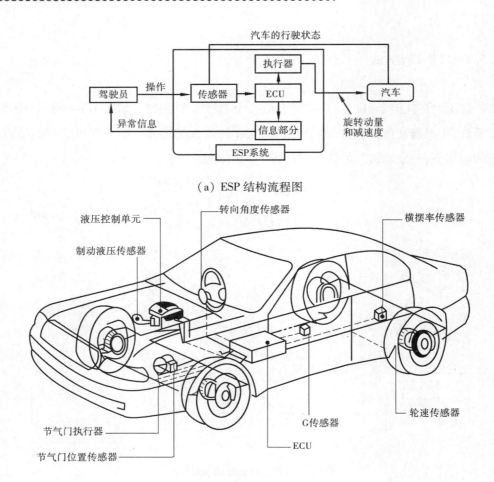

（a）ESP 结构流程图

（b）ESP 元件在车辆上的布置

图 1-5-2　ESP 系统逻辑结构与安装位置示意图

析传感器传来的信号,从而及时调整车辆的行驶状态维护车辆的行驶稳定性。ESP 的传感器组成如图 1-5-3 所示。

①侧向加速度传感器和横摆率传感器。

侧向加速度传感器,如图 1-5-4 所示。一般布置在车辆的重心处,有的安装在仪表板中间后侧。如果情况不允许,则可以与车辆摆角传感器合为一体,布置于转向柱下方的安全位置,如图 1-5-5 所示。侧向(横向)加速度传感器用来确定车辆是否受到使车辆发生滑移作用的侧向力,以及侧向力的大小。

侧向加速度传感器的中间极片在 2 个串联电容间,可在作用力下运动。电容可吸收一定量电荷。只要没有侧向力作用在中间极片上,则两电容间隙保持恒定,电容相等。中间电极在侧向力作用下,其中一个电容间隙增加,另一个减小,串联电容值也随之改变。最终,电荷的改变决定了侧向力的大小和方向。侧向加速度传感器测量电容器的容量,该电容器依据车

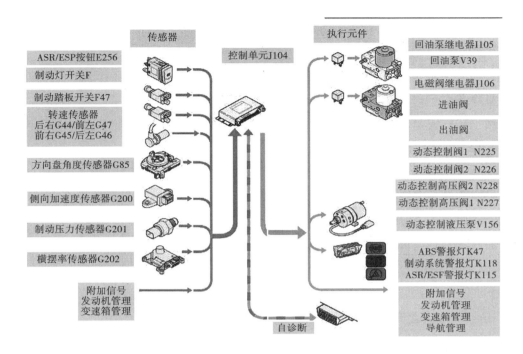

图 1-5-3　ESP 的组成

辆加速时所产生的重力加速度改变电极之间的距离,并将测量值转换成电信号。

　　横摆率传感器又称侧滑传感器或偏航率传感器,监测汽车转弯时的离心力,记录轿车绕垂直轴线的旋转运动(偏航率),提供转动速率,并确定轿车是否打滑。

　　②转向盘转角传感器。

　　转向盘转角传感器监测转向盘旋转的角度,帮助确定汽车行驶方向是否正确。结合来自轮速传

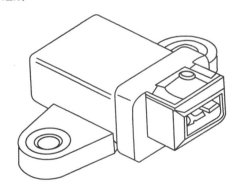

图 1-5-4　侧向加速度传感器

感器和转向盘转角传感器的输入信息,ECU 计算出车辆的目标动作。转向盘转角传感器的工作范围为 720% 。在转向盘满舵转动范围内,其误差在 5°之内。有些转向盘转角传感器安装位置在转向柱上,如图 1-5-6 所示,转向开关与转向盘、安全气囊时钟弹簧集成为一体。

　　通常使用的转向盘转角传感器采用 3 个齿轮的机械结构,来测量转角和转过的圈数。大齿轮随转向盘管柱一起转动,2 个小齿轮齿数相差 1 个,与传感器外壳一起固定在车身,不随转向盘转动而转动。2 个小齿轮分别采集到随转向盘转动的转角,由于相差 1 个齿,不同的圈数就会相差特定的角度,通过计算得到转向盘的绝对转角。

图 1-5-5　侧向加速度传感器安装位置

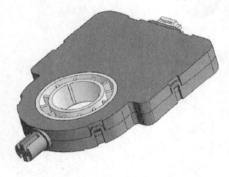

图 1-5-6　转向传感器

③ESP 开关。

ESP 开关结构如图 1-5-7 所示,有些 ESP 开关位于仪表板中间的仪表板开关箱上。只要按下该开关,ESP 开关就关闭电子稳定程序。压下开关 1 s 可将 ESP 返回到开启的位置。当 ESP 调整工作正在进行或超过一定的车速时,系统将不能关闭。如果驾驶员忘记重新激活 ASR/ESP,再次起动发动机后,系统可被重新激活。

在下列情况下,有必要关闭 ESP:在积雪路面或松软路面上,让车轮自由转动,前后移动的车辆;安装了防滑链的车辆;在测功机上检测的车辆。ESP 开关如果失效,ESP 将不起作用,但是自诊断无法发现。

图 1-5-7　ESP 开关

④制动主缸压力传感器。

制动主缸压力传感器监测制动力,它可以安装在制动主缸或压力调节器上,如图1-5-8所示。制动主缸压力传感器将制动系统的实际压力传给ECU,ECU计算出相应作用在车轮上的制动力和整车纵向力大小。

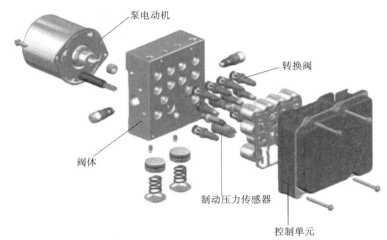

图1-5-8 安装在主缸上的制动主缸压力传感器

制动主缸压力传感器的原理如图1-5-9所示,在其他因素不变的情况下,电容C的大小由两极间间隙决定,它可吸收一定量电荷。其中一个电极被固定,另一个电极可在压力作用下移动。当压力作用在可移动电极上时,两极间间隙变小,电容增大。压力降低时,两电极间间隙增大,电容减小。通过电容变化,指示压力变化。

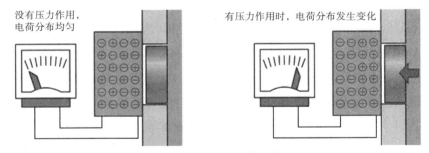

图1-5-9 制动主缸压力传感器原理

如果没有制动压力信号,系统无法计算出正确的侧向力,ESP失效。

⑤车轮转速传感器。

车轮转速传感器监测每个车轮的速度,确定车轮是否在打滑。如果车轮转速传感器出现ABS警告灯将亮起,相关系统关闭。但电子制功力分配系统(Electronic Brake force Distribution,EBD)仍有效。

⑥车速传感器。

车速传感器用于监测车速。

2）ESP 电控单元（ECU）

实际上 ESP 是一套计算机程序，ESP 的 ECU 通过对从各传感器传来的车辆行驶状态信息进行分析，计算出保持车身稳定的理论数值，再比较由偏航率传感器和侧向加速度传感器测得的数据，进而向 ABS、ASR 发出平衡纠偏指令，向一个或多个车轮施加制动力，甚至在某些情况下每秒进行 150 次制动，以把车子保持在驾驶员所选定的车道内，帮助车辆维持动态平衡。ESP 的 ECU 也可像 ABS 的 ECU 一样进行初始检查和自诊断。

3）执行器

ESP 具体的纠偏工作是这样实现的：ESP 通过 ASR 装置牵制发动机的动力输出，同时指挥 ABS 对各个车轮进行有目的的制动，产生一个反偏航转矩，将车辆带回到所希望的行驶曲线上来。比如转向不足时，制动力会作用在曲线内侧的后轮上；而在严重转向过度时，会出现甩尾，这种倾向可以通过对曲线外侧的前轮进行制动加以纠正。

①液压调节器。

液压调节器是 ESP 控制系统的主要执行机构，液压调节器执行 ECU 指令，并通过电磁阀调整各车轮制动轮缸的制动力。液压调节器位于发动机舱，布置在制动主缸与车轮制动轮缸之间，因此，缩短了制动主缸与车轮制动轮缸之间的制动管路。只是为了提高响应速度，ESP 控制系统的液压调节器比 ABS、ASR 液压调节器多了预压泵和压力生成器。带有 ESP 功能伺服器不同于传统的制动助力器，在紧急情况下（急踩制动踏板时），可实现快速升压。助力器在无制动踏板触动时，无助力，靠控制单元内的液压泵建立预压力。

②故障灯。

ESP 故障警告灯也是在仪表内，其图形如图 1-5-10 所示。卡罗拉 1.6 L 轿车的 ESP 的 ECU 通过 CAN 通信系统连接到组合仪表。如果 ESP 的 ECU 存储了 DTC，ESP 故障警告灯闪烁且在组合仪表的多信息显示屏上显示警告信息。按下 ESP 开关关闭 ASR，按下并按住此开关将关闭 ASR 和 ESP。如果 ESP 控制关闭，故障警告灯将亮起。

图 1-5-10　ESP 故障警告灯

4）ESP 警告蜂鸣器

ESP 工作时,ESP 警告蜂鸣器会发出声音来提醒驾驶员。

1.5.3　ESP 的特点、功能及类型

（1）ESP 的特点

ESP 是 ABS 和 ASR 的升级,但是 ESP 控制横向滑移而 ABS 和 ASR 是防止在车辆加速成制动时的纵向滑移;ESP 属于主动安全系统,而 ABS 和 ASR 属于被动安全系统,ABS 一般在制动时起作用,ASR 一般在加速时起作用,ESP 则始终处于工作状态。ESP 的特点是实时监控、随时待命、主动干预、预防事故、具体表现如下。

1）实时监控

ESP 能够时刻监控驾驶员的操控动作而反应。汽车运动状态并不断向发动机和制动系统发出指令,且预测到有出现危险的可能性,ESP 会立即做出干预,使车辆保持稳定。

2）主动干预

ESP 最重要的特点就是它的主动性,如果说 ABS 是被动地做出反应,那么 ESP 却可以做到防患于未然。ABS 在起作用时,系统对驾驶员的动作起干预作用,但它不能调控发动机转速,而 ESP 则是主动调控发动机的转速并可调整每个轮子的驱动力和制动力,以修正汽车的过度转向或转向不足。

ESP 与 ABS 及牵引力控制系统共同工作,但跟它们不同的是 ESP 不需要驾驶员对它进行操作,而是根据实际情况主动做出反应。

例如,一辆汽车行驶在路滑的左弯道上,当过度转向使汽车向右甩尾时,ESP 的传感器"感觉"到了滑动,就迅速让右前轮制动,使汽车产生顺时针方向的转矩,而将汽车保持在原来的车道内;当不足转向使前轮驶离路面而丧失对地面的附着力时,四通道的 ESP 就让左后轮制动,由此产生逆时针方向的转矩,使汽车回到正确路线上（如果车上装的是双通道的 ESP,则会使左前轮制动）。

3）事先提醒

ESP 还有一个实时警示功能,当驾驶员操作不当和路面异常时,它会用警告灯警示驾驶员。在 ABS,ASR 和 ESP 3 个系统的共同作用下,可以最大限度地保证汽车不跑偏不甩尾、不侧翻和转向盘在任何状态下能操纵自如。

（2）ESP 的功能

ESP 可以处理多种异常情况，减轻驾驶员的精神紧张及身体疲劳。

①避免侧滑。在路况很差的路而被雨水和冰雪覆盖时，ESP 在车辆行驶过程中，始终通过传感器对车距的动态进行监测，无其是与转向相关的运行状态，一旦且出现不稳定的预兆，ESP 对某一个车轮或者某几个车轮进行制动，甚至自动降低发动机的动力输出，无须驾驶员做任何动作。这样汽车的行驶安全性大大提高，驾驶员感觉更灵活、更快捷、更安全。

②降低汽车突然转向时的危险，提高方向稳定性，降低事故风险。ESP 可以辨识汽车的趋向，并且做出反应，它可在单个车轮上施加制动力，从而产生附加横摆调节力矩，帮助汽车回到正确的方向上来。ESP 识别出驾驶员的输入与车辆的实际运动不一致，就马上通过有选择地制动或发动机干预来稳定车辆。

③制动辅助作用。在 ESP 控制单元通过制动压力传感器信号确认车辆为紧急制动工况时，制动辅助系统迅速将制动压力提高至 ABS 工作状态，以使车辆尽快减速。

（3）ESP 的类型

ESP 能够自动地向一个或多个车轮施加制动力，在某些情况下每秒可进行 150 次的有效制动，以确保汽车行驶在选定的车道内。它有以下 3 种类型：

①四通道或四轮系统，能够自动地向 4 个车轮独立施加制动力。

②二通道系统，只能对 2 个前轮独立施加制动力。

③三通道系统，对 2 个前轮独立施加制动力，对后轮一同施加制动力。

1.5.4　ESP 的工作策略

如图 1-5-11 所示，当后轮滑动，侧滑产生向外侧甩尾，导致车轮过度转向，会产生向理想行驶曲线内侧偏离的倾向；前轮滑动导致转向不足，会产生向理想轨迹曲线外侧偏离的倾向。ESP 对不足转向和过度转向的控制方法如下。

（1）转向不足时的控制策略

ESP 判别汽车具有较大的不足转向倾向，如图 1-5-12 所示，控制系统会自动对位于弯道内侧的后轮实施瞬时制动，以产生预定的滑移率，导致该车轮受到的侧向力迅速减少而纵向制动力迅速增大，于是产生了一个与横摆方向相同的横摆转矩，此外还获得了两个附带的减少不足转向倾向的因素。一方面，由于制动而使车速降低；另一方面，由于差速器的作用，对

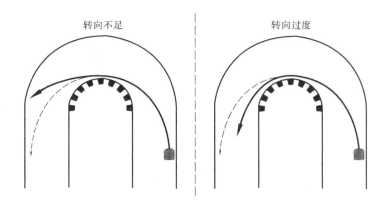

图 1-5-11　车轮侧滑的影响

内侧后轮制动从而导致外侧后轮被加速,即外侧后轮受到的驱动力增加而侧向力减少,于是产生了一个期望的横摆转矩。

（2）过度转向时的控制策略

如图 1-5-13 所示,在出现过度转向时驱动力分配系统会降低驱动转矩,以提高后轴的侧向附着力。地面作用于后轴的侧向力相应提高,从而产生一个与过度转向相反的横摆转矩。位于弯道外侧的非驱动前轮开始时几乎不滑动,若仅依靠动力分配系统还不能制止开始发生的不稳定状态,控制系统将自动对该前轮实施瞬时制动,使它产生较高的滑移率,导致该车轮受到的侧向力迅速减少而纵向制动力迅速增大,于是也产生一个与横摆方向相反的横摆转矩。由于对前轮制动,车速也会降低,从而获得了一个附带产生的有利于稳定性的因素。

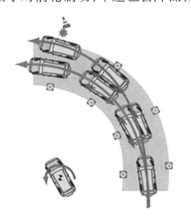

图 1-5-12　ESP 对不足转向的控制

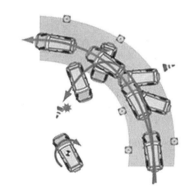

图 1-5-13　ESP 对过度转向的控制

（3）ESP系统控制策略的基本原理

①ESP液压执行单元的关键功能——主动制动的实现。如前所述，ESP系统的TCS和AYC功能的实现都需要通过主动制动来干涉制动压力。与此同时，在汽车主动安全技术中，GCC、ACC等功能都要求汽车能够实现主动制动的功能，从而加以控制。因此主动制动功能就成为ESP液压执行单元的关键功能。为了实现主动制动的功能，液压执行单元中需要2个动力源：预压泵和柱塞泵。预压泵为柱塞泵建立一定的背压，驱动柱塞泵正常工作。通过研究，可以考虑趋向于取消预压泵，实现单一动力源主动制动。这就要求ESP液压执行单元在无背压条件下实现主动增压的功能，达到主动制动的目的。因此，如何实现这一功能的理论设计方法成了研究热点。

②ESP液压执行单元动态特性分析。目前国内已经实现了ABS的产业化，而ESP系统在ABS的液压执行单元部分上只增加了吸入阀、限压阀、单向阀3个部件，同时泵的能力有所提高，能够实现主动增压的功能要求。但由于我国的汽车工业基础相对薄弱，国外的公司又将这方面的研究成果不对外公开，而目前国内在液压执行单元所包括的多个液压单元的诸多参数的选择和匹配问题上技术积累较少。因此，开展ESP液压执行单元动态特性的仿真技术，有利于对HCU的各个关键部件参数进行优化选择。同时，在进行ESP的实车匹配前，也可以利用仿真平台进行相关的硬件参数匹配，有利于ESP系统的产业化发展。

③高速开关阀在高频脉冲宽度调制（Pulse Width Modulation，PWM）控制下的比例开度功能的实现。随着ESP技术的发展，对压力的调节和噪声的控制也提出了更高的要求，目前应用在HCU中的高速开关阀的PWM控制，也成为一个研究热点，在ABS控制策略中的阶梯增压阶段，就是典型的高速开关阀的PWM控制。但是，传统的高速开关阀的PWM控制，调制频率较低，集中在10~100 Hz，在这个频率下，高速开关阀的动作表现为一段时间开启，一段时间关闭。随着汽车主动安全技术的发展，越来越要求压力调节的精确性，以及噪声的进一步降低，高速开关阀的高频率PWM控制的研究提上了日程。由于高速开关阀的响应时间为2 ms，在高频PWM控制下，调制频率达到了1 kHz以上，高速开关阀的动作将会实现在开启或者关闭之外的第三种状态——中间位置，根据PWM控制占空比的不同，高速开关阀的开度也有所不同。因此，通过高频PWM控制实现高速开关阀的类似于比例阀的功能，不仅能够进一步提高压力调节的控制精度，而且可以减少由于阀芯开启、关闭产生的金属撞击噪声。此外，在ESP系统中，存在限压阀，限制主动增压时的最高压力。通过高速开关阀在高频PWM控制下的比例开度功能，应用在限压阀上，使得限压阀在开度一定的情况下，起到溢流阀的作用，保证ESP系统主动增压的压力存在一个上限，防止压力增加过大。

1.5.5　ESP 实际工作状况

(1)路程的错误估计

行驶于蜿蜒曲折的山路,下一弯道始料不及地出现。如图 1-5-14(a)所示,没有装备 ESP 的车辆跑偏(转向不足),即前轮偏离弯道,车辆失去控制。一旦驶入干燥的沥青路面,车辆就开始打滑。如图 1-5-14(b)所示,装备 ESP 的车辆,在车辆表现转向不足的趋势,即将跑偏时,增加右后轮制动力的同时降低发动机转矩,使车辆保持稳定。

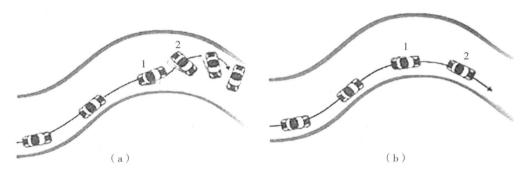

图 1-5-14　在多变的路面上行驶

(2)避让始料不及的障碍物

汽车在长而平整的路面上交替进行着超车和变道,突然出现一个障碍物。没有装备 ESP 的车辆在避让障碍物时会出现以下情况,如图 1-5-15 所示:①紧急制动,猛打转向盘,由于汽

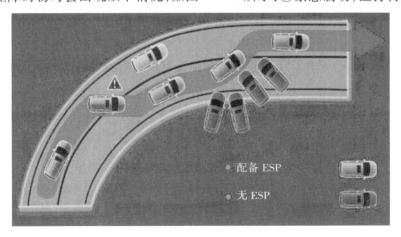

图 1-5-15　避开障碍物时 ESP 的功用

车行驶时向前的惯性,车辆转向不足。②车辆继续冲向障碍物,驾驶员反复打转向盘,以求控制车辆,车辆避开障碍物。③当驾驶员尝试恢复正常的行驶路线时,车辆产生侧滑。装备有ESP的车辆在避开障碍物时会出现以下情况:紧急制动,猛打转向盘,车辆有转向不足的倾向;增加左后制动压力,车辆按照转向意图行驶;恢复正常的行驶路线,车辆有转向过度的倾向,在左前轮上施加制动力;车辆保持稳定。

1.5.6 ESP 所包含的系统

实际上,ESP 包括防抱死制动系统(ABS)和牵引力控制系统(TCS)两大系统的功能,但又不是两者简单的叠加。当汽车在行驶过程中需躲避障碍物、突然猛打转向盘或汽车在复合路面上行驶时,ESP 就会启动,来有效地保证行驶安全。ESP 包括防抱死制动系统(ABS)、驱动防滑控制系统(ASR)电子制动力分配装置(EBD)、制动辅助系统(BA)等。

(1)驱动防滑控制系统(ASR)的工作原理

如果驾驶员在积雪或其他打滑道路上猛烈加速驱动轮将开始打滑,加速的程度将降低,并且车辆稳定性将下降。驱动防滑控制系统是继 ABS 之后,设置在汽车上专门用来防止汽车在起步、加速和在湿滑路面行驶时驱动轮滑转的电子驱动力调节系统。

汽车驱动防滑系统(Acceleration Slip Regulation 或 Traction Control System),简称 ASR 或 TCS(日本车型称它为 TRC 或 TRAC)是继 ABS 后采用的一套防滑控制系统,是 ABS 功能的进一步发展和重要补充。ASR 系统和 ABS 系统密切相关,通常配合使用,构成汽车行驶的主动安全系统。

ASR 的作用是当汽车加速时将滑动控制在一定的范围内,从而防止驱动轮快速滑动。它的功能一是提高牵引力;二是保持汽车的行驶稳定性。行驶在易滑的路面上,没有 ASR 的汽车加速时驱动轮容易打滑,若是后驱动的车辆则容易甩尾,若是前驱动的车辆则容易方向失控。有 ASR 时,汽车在加速时就不会有或能够减轻这种现象。在转弯时,如果发生驱动轮打滑会导致整个车辆向一侧偏移,当有 ASR 时就会使车辆沿着正确的路线转向。在装有 ASR 的车上,从加速踏板到汽油机节气门(柴油机喷、油泵、操作杆)之间的机械连接被电控加速踏板装置所代替。当传感器将加速踏板的位置及轮速信号送到控制单元(ECU)时,控制单元就会产生控制电压信号,伺服电机依此信号重新调整节气门的位置(或者柴油机 操纵杆的位置),然后将该位置信号反馈至控制单元,以便及时调整制动器。

1)ASR 的功能

①使车辆能够安全地起步或加速。

②保持汽车驱动时的方向控制能力,提高汽车的操控性。

③尽可能利用车轮-路面间纵向附着能力,让发动机提供最适当的驱动力,以便在汽车的驱动轮上获得尽可能大的驱动力,达到良好的加速性能。

④有助于避免车辆在急加速转弯时发生甩尾。

⑤改善了燃油经济性,减少了轮胎磨损提高汽车的安全性能。

ABS 与 ASR 的比较,有相同之处,也有不同处。

2)ABS 与 ASR 相同之处

①都是通过控制作用于被控制车轮的力矩,而将车轮滑动控制在设定的理想范围之内,以提高车轮附着力的利用率,从而缩短汽车的制动距离或提高汽车的加速性能,改善汽车的行驶方向稳定性和转向操纵稳定性。

②都要求系统具有快速反应能力,以适应车轮附着力的变化。

③都要求控制偏差尽可能达到最小,以免引起汽车及传动系统的振动。

④都要求尽量减少调节过程中的能量消耗。

3)ABS 与 ASR 不同之处

①ABS 对驱动和非驱动车轮都可进行控制,而 ASR 则只对驱动车轮进行控制。

②ABS 控制期间,离合器通常都处于分离状态,发动机也处于怠速运转状态,而在 ASR 控制期间,离合器则处于接合状态,发动机的惯性会对 ASR 控制产生较大的影响。

③ABS 在控制期间,汽车传动系的振动较小,由此对 ABS 控制产生的影响也较小,而在 ASR 控制期间,很容易使传动系产生较大的振动,由此对 ASR 控制产生的影响也就很大。

④在 ABS 控制期间,各车轮之间的相互影响不大,而在 ASR 控制期间,由于差速器的作用会使驱动轮之间产生较大的相互影响。

⑤ABS 只是一个反应时间近似一定的制动控制单环系统,而 ASR 却是由反应时间不同的制动控制和发动机控制等组成的多环系统。

(2)电子制动力分配装置(EBD)的工作原理

从工作原理来讲,它是 ABS 的一个附加作用系统,可以提高 ABS 的效用,共同为行车安全添筹加码。所以在安全指标上,汽车的性能又多了"ABS + EBD"。值得一提的是,即使车载 ABS 失效,EBD 也能保证车辆不会出现因甩尾而导致翻车等恶性事件的发生。同时它还能较大地减少 ABS 工作时的振噪感,不需要增加任何的硬件配置,成本比较低,不少专业人士更是直观地称之为"更安全、更舒适的 ABS"。在车轮轻微制动时,电子制动力分配(EBD)功能就起作用,转弯时尤其如此,速度传感器记录 4 个车轮的转速信息,电子控制单元计算车轮的转速。如果后轮滑移率增大,则调节制动压力,使后轮制动压力降低。电子制动力分配(EBD)

功能保证了较高的侧向力和合理的制动力分配。

EBD 使用特殊的 ECU 功能来分配前轴和后轴之间的制动力。当汽车制动时,中央处理器根据接收到的轮速信号、载荷信号、踏板行程信号以及发动机等有关信号,经处理后向电磁阀和轴荷调节器发出控制指令,使各轴的制动力得到合理分配。EBD 在汽车制动时即开始控制制动力,而 ABS 则是在车轮有抱死倾向时开始工作。EBD 的优点在于在不同的路面上都可以获得最佳制动效果,缩短制动距离,提高制动灵敏度和协调性,改善制动的舒适性。

1)EBD 的功能

EBD 能够根据由于汽车制动时产生轴荷转移的不同,而自动调节前、后轴的制动力分配比例,提高制动效能,并配合 ABS 提高制动稳定性。汽车在制动时,4 只轮胎附着的地面条件往往不一样。EBD 的工作原理恰恰就是用高速计算机在汽车制动的瞬间,分别对 4 只轮胎附着的不同地面进行感应和计算,得出不同的摩擦力数值,使 4 只轮胎的制动装置根据不同的情况用不同的方式和力量制动,并在运动中不断保持调整,使制动力与摩擦力相匹配,从而保证车辆的平稳。实际调整前后轮时,它可依据车辆的重量和路面条件来控制制动过程,自动以前轮为基准去比较后轮轮胎的滑动率(即车辆的实际车速和车轮的圆周线速度之差与车辆实际车速之比),如发觉前后车轮有差异,而且差异程度必须被调整时,它就会调整汽车制动液压系统,使前、后轮的液压接近理想化制动力的分布。可以说在 ABS 动作启动之前,EBD已经平衡了每一个轮的有效地面抓地力,防止出现后轮先抱死的情况,改善制动力的平衡并缩短汽车制动距离。当紧急刹车车轮抱死的情况下,EBD 在 ABS 动作之前就已经平衡了每一个轮的有效地面抓地力,可以防止出现甩尾和侧移,并缩短汽车制动距离。

2)EBD 和 ABS 的区别

①车辆轻微制动,EBD 自动调整不同路况下前后轴的制动力分配比例。如后轮滑移率增大,则调节制动压力,使后轮制动力降低。特别是弯路行驶时,通过轮速传感器,ECU 计算出车轮的转速和车速,得到 4 个车轮的滑移率,自动调节前轴、后轴制动力的分配比例,提高制动效能提高车辆的制动稳定性。

②EBD 在汽车制动时即开始控制制动力,而 ABS 则是在车轮有抱死倾向时开始工作。

③EBD 功能集成在 ABS 正常控制作用逻辑之内,EBD 实际上是 ABS 的辅助功能,它可以改善并提高 ABS 的功效。EBD 是 ABS 附加的软件功能,无须添加任何硬件。而且使用了EBD 后,ABS 无须使用感载比例阀和比例阀等机械阀。

④EBD 的优点还在于在不同的路面上都可以获得最佳制动效果,缩短制动距离,提高制动灵敏度和协调性,改善制动的舒适性。

（3）制动辅助系统（BA）的工作原理

电子制动辅助系统（Electronic Brake Assist，EBA）和制动力辅助系统（Brake Assist System，BA，也称为"BAS"），能够通过判断驾驶员的刹车动作（力量及速度），在紧急制动时增加刹车力度，从而将制动距离缩短。对于像老人或女性这种脚踝及腿部力量不是很足的驾驶员来说，该系统的优势则会表现得更加明显。而机械制动辅助系统 BA，其实是电子紧急制动辅助系统 EBA 的前身。

在车辆行驶过程中，制动辅助系统会全程监测刹车踏板，一般正常刹车时该系统并不会介入，会让驾驶员自行决定刹车时的力度大小。但当其侦测到驾驶员忽然以极快的速度和力量踩下刹车踏板时，会被判定为需要紧急制动，于是便会对刹车系统进行加压，以增强并产生最强大的刹车力道，让车辆及驾乘者能够迅速脱离险境。根据测试数据结果表明，拥有刹车辅助系统的车辆比未装有该系统的车辆可少约 45% 的刹车距离。

1.5.7　ESP 故障的排除

①当端子接触不良或零件出现安装故障时，拆下并安装可疑零件可能会使系统完全或暂时恢复到正常状态。

②为确定故障部位，确保在故障出现时检查各种情况，例如检查 DTC 输出和定格数据，并在断开各个插接器或拆下及安装零件前做记录。

③由于系统会受其他非 VSC（丰田车称电子稳定程序为 VSC，下同）系统故障的影响，所以一定要检查其他系统中的 DTC。

④除非另有要求，否则不要拆卸或安装诸如转向角传感器或横摆率传感器（包括加速度传感器）等 VSC 零件，因为这些零件在拆下和安装后不能被正确调整。

⑤对 VSC 进行操作时，确保按照维修手册中的方法在工作前做好准备工作，并在工作完成后进行确认。

⑥除非检查程序中有特殊规定，否则应确保在发动机关闭的情况下拆下和安装 ECU、制动器执行器和各传感器等。

⑦如果 ECU、制动器执行器或传感器已被拆下并安装，有必要在重新装配零件后检查系统是否有故障。使用智能检测仪检查 DTC，并使用测试模式检查并确认系统功能和 ECU 接收到的信号正常。

⑧如果故障零件的 DTC 清除后再次出现，则会再次存储。仅通过更换故障零件不能清除某些 DTC 警告。如果维修工作完成后仍显示警告信息则在清除 DTC 程序前将发动机开关置

于"OFF"位置。

⑨为实现 CAN 通信,CAN 通信线路使用了特种电线。用于各通信线路的电线为同等长度的双绞线。最好不要使用其他类型的线束,因为这样会破坏正在传送中的数据。

⑩使用智能检测仪读取数据表,可以读取开关传感器执行器及其他项的数值或状态,而无须拆下任何零件。这种非侵入式检查非常有用,因为可在扰动零件或配线之前发现间歇性故障或信号。在故障排除时尽早读取数据表信息是节省诊断时间的方法之一。

课题 1.6 制动器的拆装与检修

1.6.1 目的与要求

①掌握车轮制动器的结构及工作原理;
②掌握车轮制动器的拆装步骤及要求;
③掌握车轮制动器的检查、调整及修理工艺。

1.6.2 内容及步骤

(1)车轮制动器的分解

车轮制动器的分解,如图 1-6-1 所示。

(2)车轮制动器主要部件检修

1)制动鼓检修

一般采用带专用架的百分表或弓形内径来测量制动鼓内径工作表面磨损情况。当制动鼓内工作表面圆度误差超过 0.25 mm,圆柱度误差超过 0.25 mm,车轮制动鼓工作表面与轮毂轴承中心线的同轴度误差超过 0.5 mm 或工作表面上的拉槽深度超过 0.5 mm 时,应对制动鼓工作表面进行镗削加工,以恢复其技术状况。镗削过后的制动鼓内径尺寸应不大于 1 mm;同时制动鼓工作表面的几何形状、相对位置和表面粗糙度也必须符合要求;制动鼓有裂纹时应更换。

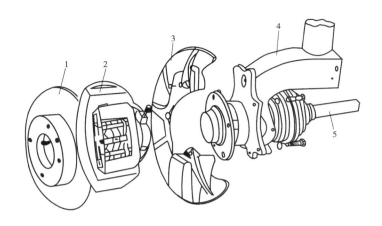

1—制动盘；2—制动钳；3—制动底盘；4—车轮支承壳总成；5—传动轴

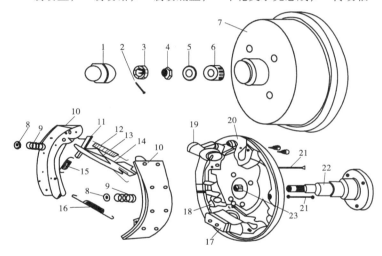

1—轮毂盖；2—开口销；3—开槽垫圈；4—调整螺母；5—止推垫圈；6—轴承；

7—制动鼓；8—弹簧座；9—弹簧；10—制动蹄；11—楔形件；12—回位弹簧；

13—上回位弹簧；14—压力杆；15—用于楔形件回位弹簧；16—下回位弹簧；

17—固定板；18—螺栓(拧紧力矩为 60 N·m)；19—后制动轮缸；20—制动底板；

21—定位销；22—后桥车轮支承短轴；23—观察孔橡胶塞

图 1-6-1　车轮制动器分解图

2)制动蹄摩擦衬片的检修

摩擦衬片检查。若摩擦衬片有裂纹、铆钉松动或表面严重烧蚀、磨损、铆钉头深度小于 0.5 mm时,均应更换新摩擦衬片。制动蹄摩擦衬片的铆合工艺基本相同,铆合后根据制动鼓的直径用专用光磨机进行光磨,光磨后的摩擦衬片应进行质量检查。

3)制动蹄回位弹簧检修

检查制动蹄回位弹簧,若回位弹簧丧失弹性或变形拉长,超过标准尺寸5%时应更换。

4）制动底板检修

当制动底版表面翘曲度超过 0.6 mm 时应校正；有裂纹处应焊修；底板上的支承销孔磨损超过 0.15 mm，螺栓孔磨损超过 0.8 mm 时，可镶套或焊补后重新钻孔修复，底板销孔修复后与支承配合间隙应符合规定。

5）制动凸轮检修

当凸轮表面严重磨损时，应更换或焊修；用外径千分尺检查制动凸轮轴轴径，若轴径遇支承衬套的磨损超过标准，可更换或镀铬、镀焊后磨圆修复。

（3）车轮制动器装配

装配前，将各个零件清洗干净，并在运动零件摩擦表面上涂上一层锂基润滑脂，装配支承销时，应使其偏心部位朝内靠近，此时两支承销外端面上标记也应朝内相对。制动鼓和摩擦衬片应用砂布光磨表面，保持清洁，不能沾油污。

（4）车轮制动器调整

①先调整轮毂轴承预紧度，将调整螺母拧紧后，退 1/8～1/4 圈。

②松开两支承销的固定螺母，转动支承销外端的标记相对。

③取下调整臂的防尘罩，将锁止套推进，用扳手转动螺杆轴。使制动蹄片完全贴紧制动鼓。

④在调整好的位置上，拧紧制动蹄支承销的固定螺母。

⑤用扳手拧松调整臂蜗杆轴 1/3～1/2 圈（3～4 响），使制动鼓与制动蹄片之间的间隙符合规定。若间隙不符合要求，继续调整调整蜗杆，直至合适为止。

（5）车轮制动器检试

①车轮制动器调整好后，制动蹄片应能在支承销上自由转动；制动凸轮轴应能在支架中自由转动，而无发卡现象。

②制动鼓能自由旋转而不触及蹄片并无松旷量。

③制动有效，解除制动后蹄片能迅速回位，制动时制动气室的推杆行程应符合原厂规定。

（6）盘式车轮制动器检修

1）盘式车轮制动器分解

①从主缸油池中吸出一半制动液。

②用撬杆将制动钳活塞压到缸筒底部。

③拆下制动钳导销和制动钳,把制动钳挂在悬架弹簧上,对着制动钳支板,按住防震夹取下摩擦衬片。

④拆下制动盘固定螺母,取下制动盘。

⑤将拆下的零件清洗,依次放置于托盘内。

2)车轮制动器主要零件检修

①制动盘检修:制动盘有变形、破裂、磨损呈台阶状或表面拉槽深度超过 0.50 mm 时,应更换新件或用平面磨床处理后继续使用。

②摩擦衬片检修:摩擦衬片磨损后,当其厚度减薄达极限值(或磨损至报警灯发亮)时,应更换新摩擦衬片。

3)车轮制动器装复

按拆卸相反顺序装复,安装时,要保护好制动钳的防尘罩,制动盘和摩擦衬片不能沾有油污。制动钳拧紧力矩为 34～47 N·m。安装完毕后,应用力将制动踏板踩到底数次,以便制动摩擦衬片能正确就位。

(7)鼓式驻车制动装置检修

1)鼓式驻车制动装置主要零件检修

①制动鼓检修:制动鼓的工作表面磨损或拉槽深度超过 0.50 mm 时,可进行镗削加工。制动鼓有裂纹应更换。摩擦衬片及制动蹄检修:摩擦衬片若有破损,铆钉松动,严重磨损,铆钉□□□小于 0.50 mm 时,均因更换衬片。制动蹄有变形,应校正或更换;制动蹄有裂纹

□□扇形齿检修:检修方法同盘式驻车制动装置。

□□件检修:制动蹄支承销磨损超过 0.15 mm 时,应更换或修复。凸轮轴轴颈与承孔配合□□大于 0.20 mm 时,应更换衬套或修复凸轮轴。

2)鼓式驻车制动装置的调整

①先不把拉杆与摇臂连接。

②松开蹄片轴锁紧螺母,调整支承销,使得用力转动摇臂(不大于 29.4 N)张开凸轮时,两蹄片的摩擦片的中间同时与制动鼓接触,然后固定支承销,拧紧锁紧螺母。

③制动鼓调整后,把拉杆与摇臂连接起来。放松手操纵杆时,摩擦衬片与制动鼓之间应有 0.20～0.40 mm 的间隙。

④操纵装置调整:鼓式驻车制动装置一般应有五响的自由行程,第三响有制动感觉,第五响应能产生最大的制动力,如果自由行程过大,可拧紧拉杆上的调整螺母,反之,则拧出调整螺母。调整后,若自由行程仍过大,难以调整,可从凸轮轴上拆下摇臂,逆时针错一个或数个

键齿装回后,在调整,直至合适为止。

⑤制动效能检验,其检验方法与盘式驻车制动装置相同。

(8)盘式驻车制动装置检修

1)盘式驻车制动装置主要零件检修

①制动盘检修:制动盘若有裂纹,应更换新件;磨损拉槽深超过 0.50 mm 时,应在磨床上进行光磨,光磨后制动盘的厚度不小于规定值。

②制动蹄与蹄臂的检修:制动蹄衬片上铆钉头深度小于 0.50 mm 时,应更换衬片。铆合衬片的方法同离合器。制动蹄销与孔配合间隙超过 0.15 mm 时,应换加大销子或更换衬套。

③蹄臂拉杆及扇形齿检修:蹄臂拉杆变形应校正;拉杆螺纹损坏 2 牙以上,应更换或修复。扇形齿板及锁扣磨损打滑时,应更换或修复。

2)盘式驻车制动装置调整

①先不装传动杆与拉杆臂之间的连接销。

②在摩擦衬片与制动盘之间分别插入 0.60 mm 的塞尺,调整拉杆后端的调整螺母,当拉杆塞尺感觉有阻力时停止。再将锁紧螺母拧紧。

③调整支架上的 2 个调整螺钉,使两衬片与制动盘平面平行。

④调整传动杆长度,使其销孔与拉杆臂孔重合,装上连接销。

⑤制动效能检查:拉动手制动杆至全行程的 1/2 ~ 2/3(相当锁扣在齿板上移动 3 ~ 5 个齿)时,蹄片应完全压紧制动盘;拉紧驻车制动装置制动杆,二挡不能起步。放松操纵杆后,制动盘自由转动。

1.6.3 注意事项

(1)拆装安全注意事项

①拆装汽车各部件时,应先用长铁凳分别支承好车架的前端和后端。如不拆卸轮胎,先用三角木塞住 4 个车轮,以免拆装时车辆移动。

②使用千斤顶时,底部应放一块厚木板,顶升时人应在汽车的外侧。严禁用砖块、泥块等易碎品支垫千斤顶或车辆;严禁在千斤顶顶起而无支承的车桥、车架下拆装。放千斤顶时,人应在车外,并慢慢松开千斤顶的液压开关,使车辆徐徐降下。

③拆装离合器时禁止摇转发动机或使用启动机。

④各大总成的拆装必须使用吊车或吊机。

⑤拆装变速器的拨叉轴时,应使用导轨,注意勿使自锁钢球弹出伤人。

⑥不准用含铅汽油清洗零件,严禁明火接近汽油。

⑦机具设备的电线、插头等应无破裂或损坏现象,以防触电。

⑧拆装蓄电池时,应小心轻放、不倾斜,以免电解液漏出。

(2)规范操作注意事项

①不得将工具、零件等随意扔在地上。

②不得使水、油污等污染拆装场地。

③拆装结束后应及时清理场地。

④平垫圈、弹簧垫圈、开口销等应按规定装配齐全。

⑤螺栓螺母紧固后,螺纹应高出螺母2~3牙。

⑥凡有拧紧力矩要求的螺栓螺母,均应按规定力矩拧紧。

⑦一般的螺栓螺母组应用相应的扳手对称分几次拧紧。

⑧用过的铜皮、调整垫片及各种衬垫,如完好应注意保管,仍可装复使用。

⑨所有胶质油封在装配前均应在摩擦部位涂些润滑油。

⑩禁止用锤子直接锤击机件,应垫上铜棒后再锤击。

⑪保持车辆和拆装场地的整洁。

课题1.7　汽车制动系故障诊断与排除

1.7.1　常见故障类型

(1)制动失效

制动失效就是丧失制动效能,包括完全失效和部分失效。完全失效是指一点制动作用都没有,一般是由于制动系统的故障引起的。部分失效就是在一定程度上丧失制动效能,也就是制动不灵或者说制动距离比较长,不能在一段距离内把车停下来。

1)故障现象

踩下制动踏板,车辆不减速,即使连续几脚制动也无明显减速作用。

2）故障原因

制动失效主要是由于制动系统无法对汽车施加足够的制动力,其原因包括制动液管路液位不足或进入空气制动控制系统故障等各种因素导致的制动器无法正常工作。

①制动踏板至制动主缸的连接松脱。

②制动储液室无液或严重缺液。

③制动管路断裂漏油。

④制动主缸皮碗破裂。

（2）制动失灵

1）故障现象

①汽车制动时,踩一次制动踏板不能减速或停车,连续踩几次制动踏板,效果也不好。

②汽车紧急制动时,制动距离太长。

2）故障原因

①制动踏板自由行程太大。

②制动主缸储液室内存油不足或无油。

③制动液变质（变稀或变稠）或管路内壁积垢太厚。

④制动管路内进入空气或制动液气化产生了气阻。

⑤制动主缸、轮缸、管路或管接头漏油。

⑥制动主缸、轮缸的活塞及缸筒磨损过度。

⑦制动主缸、轮缸的皮碗老化或磨损引起密封不良。

⑧制动主缸的进油孔、储液室的通气孔堵塞。

⑨制动主缸的出油阀、回油阀不密封;活塞复位弹簧预紧力太小;活塞前端贯通小孔堵塞。制动器的制动鼓与制动蹄片间隙不当;制动鼓与制动蹄片接触面积太小;制动蹄片质量不佳或沾有油污,制动蹄片铆钉松动;制动鼓产生沟槽磨损或失圆,制动时变形。此外还有真空增压器或助力器的各真空管路接头松动、脱落,管路有破裂处;膜片破裂或者密封圈密封不良;止回阀、控制阀密封不良;辅助缸活塞皮碗磨损过甚;单向球阀不密封的故障原因。

（3）制动跑偏

所谓汽车制动跑偏即车轮制动时,两边车轮不能同时起制动作用;甚至一边车轮制动,而另一边仍转动,导致汽车不能沿着直线方向停车。这是因同轴上左右轮制动力矩不均衡引起的,并且转向盘上有明显的转动推手感觉,汽车驶向路面的一侧。

1）故障现象

①汽车行驶制动时，行驶方向发生偏斜。

②紧急制动时，方向急转或车辆甩尾。

2）故障原因

①左右车轮轮胎气压、花纹或磨损程度不一致。

②左右车轮轮毂轴承松紧不一、个别轴承破损。

③左右车轮的制动蹄摩擦衬片材料不一或新旧程度不一。

④左右车轮制动蹄摩擦片与制动鼓的接触面积、位置不一样或制动间隙不等。

⑤左右车轮轮缸的技术状况不一，造成起作用时间或张力大小不相等。

⑥左右车轮制动鼓的厚度、直径、工作中的变形程度和工作面的粗糙度不一。

⑦单边制动管路凹瘪、阻塞或漏油；单边制动管路或轮缸内有气阻。

⑧单边制动蹄与支承销配合过紧或锈蚀。

⑨一侧悬架弹簧折断或弹力过低；一侧减振器漏油或失效。

⑩前轮定位失准；转向传动机构松旷；车架、车桥在水平平面内弯曲、车架两边的轴距不等；感载比例阀故障等可能故障原因。

（4）制动拖滞

1）故障现象

抬起制动踏板后，全部或个别车轮的制动作用不能立即完全解除，以致影响了车辆重新起步、加速行驶或滑行。

2）故障原因

①制动踏板无自由行程，制动踏板拉杆系统不能回位。

②制动主缸复位弹簧折断或失效。

③制动主缸回油孔被污物堵塞，密封圈发胀或发黏与泵体卡死。

④通往轮缸的油管凹瘪或堵塞。

⑤制动盘摆差过大。

⑥前制动器密封圈损坏，造成活塞不能正常复位。

⑦前、后制动轮缸密封圈发胀或发黏与泵体卡死。

⑧鼓式制动器制动蹄复位弹簧折断或过软。

⑨鼓式制动器制动蹄摩擦片破裂或铆钉松动。

⑩鼓式制动器制动鼓严重失圆。

1.7.2 进行液压传动机构的拆装与检查

（1）制动器失效故障诊断

首先踩动制动踏板试验，根据踩制动踏板时的感觉，相应检查有关部位。

①若制动踏板与制动主缸无连接感，说明制动踏板至制动主缸的连接松脱，应检查修复。

②踩下制动踏板时，若感到轻松，稍有阻力感，则应检查制动主缸储液室内制动液是否充足。若制动主缸储液室内无液或严重缺液，应添加制动液至规定位置。再次踩下制动踏板时，若仍没有阻力感，则应检查制动主缸至制动轮缸的制动软管或金属管有无断裂漏油。

③踩下制动踏板时，虽然感到有一定的阻力，但踏板位置保持不住，明显下沉，则应检查制动主缸的推杆防尘套处是否有制动液泄漏。若有制动液泄漏，说明制动主缸皮碗破裂；若车轮制动鼓边缘有大量制动液，则应检查制动轮缸皮碗是否压翻、磨损是否严重。

（2）制动器失灵故障诊断

踩动制动踏板做制动试验，根据踩制动踏板时的感觉，检查相应的部位。

①一脚踩下制动踏板，踏板到底且无反力，连续几次踩制动踏板都能踏到底，且感觉阻力很小，则应检查储液室中制动液面高度是否符合要求，若液面低于最低刻度线，说明制动液液面太低，检查制动踏板边动机构有无松脱。

②连续几脚踩制动踏板时，踏板高度仍过低，并且在第一脚制动后，感到主缸活塞未复位，踩下制动踏板即有制动主缸与活塞碰击响声，则应检查制动主缸的活塞复位弹簧是否过软，制动主缸的皮碗是否破裂。

③连续踩几次制动踏板时，踏板高度低而软，则应检查制动主缸的进油孔或储液室的通气孔是否堵塞。

④一脚踩下制动踏板时，踏板高度过低，连续几脚踩下制动踏板时，踏板高度随之增高且制动效能好转，则应检查制动踏板的自由行程及制动器的间隙。

⑤维持制动踏板高度时，若缓慢或迅速下降则应检查制动管路是否破裂，管接头是否密封不良；制动主缸制动轮缸皮碗或皮圈密封是否良好。

⑥安装真空增压器或真空助力器的车辆，踩下制动踏板时，若踏板高度适当但太硬，且制动不灵，则应检查真空增压器或真空助力器的工作情况；检查制动系统油管是否有老化、凹瘪，制动液是否黏度太大。

⑦踩制动踏板时，若踏板有向上反弹顶脚的感觉，且制动力不足，则应检查真空增压器的

辅助缸活塞磨损是否过度;辅助缸活塞皮碗是否密封不良;辅助缸单向球阀是否密封不良。

⑧路试车辆时,观察各车轮的制动情况,若个别车轮制动不良,则应检查该车轮的制动软管是否老化;制动蹄摩擦片与制动鼓间的间隙是否不当;制动蹄摩擦片是否有硬化,油污或铆钉外露现象;制动鼓内臂是否磨损或沟槽;制动蹄摩擦片与制动鼓的接触面积是否过小。

（3）制动跑偏诊断与排除

对于制动跑偏的故障,一般根据故障具体情况针对性检修,对于制动器产生的制动力不相等现象,需要对制动系统进行检查。

1）制动系统的基本检查

制动系统的基本检查包括制动液、制动管路、轮胎花纹、轮胎气压及轮胎磨损等。

①检查制动液的液面及品质。

②检查制动系统液压部件是否存在泄漏。

③检查制动系统管路是否存在泄漏。

④检查轮胎花纹、轮胎气压及轮胎磨损情况。如果同轴上的轮胎气压、花纹、磨损程度不一致,应按照规定及时对轮胎进行合理调配和换位,避免轮胎的异常磨损。轮胎是易损件,平时应加强轮胎的管理维修。

2）车轮制动器的检查

①检查车轮制动器摩擦片的磨损情况,摩擦片表面是否有油污裂纹或异常磨损等。

②检查车轮制动盘有无油污、异常磨损、裂纹或沟槽等。

③检查车轮制动轮缸有无泄漏、防尘套有无损坏、活塞运动有无卡滞现象等。如果发现制动轮缸密封圈损坏、制动油管漏油、制动轮缸活塞卡滞发咬,应更换轮缸总成。

④检查车轮制动卡钳滑销是否卡滞,复位弹簧是否变形、断裂等。

3）车轮定位检测

如果经过以上步骤,还不能彻底排除故障,则要对车轮定位进行检测,车轮定位检测比较复杂,具体参阅相关资料。

（4）制动拖滞故障诊断

①车辆行驶一段路程后,用手触摸各车轮制动鼓,若全部制动鼓都发热,说明故障发生在制动主缸;若个别车轮发热,则说明故障发生有车轮制动器。

②如故障在主缸,应首先检查踏板自由行程。若自由行程合乎要求,可将主缸储油室盖打开,并连续踏下和放松制动踏板,看其回油情况。如不能回油则为回油孔堵塞;应清洗疏通。如回油缓慢,则是皮碗、皮圈发胀或复位弹簧无力,应拆下制动主缸分解检修。同时还应

观察踏板回位情况,如踏板不能迅速复位或复不到原位,说明踏板复位弹簧过软或折断,应更换。

③如故障在车轮制动器,应先拧松放气螺钉,若制动液急速喷出,制动蹄复位,则为油管堵塞,轮缸不能回油所致,应疏通油管。如果制动蹄仍不能复位,则应调整摩擦片至制动鼓之间的间隙。

④如经上述维修和调整均无效时,应拆下制动鼓检查轮缸活塞皮碗与复位弹簧的状况以及制动蹄片销的活动情况,必要时,进行修复或更换。

项目 **2**
汽车传动系统

【学习任务】

1. 掌握传动系统作用、类型及组成部分。
2. 掌握离合器与变速器的类型及工作原理。
3. 掌握万向传动装置与驱动桥的工作原理。

【技能目标】

1. 正确拆装、调整和检修离合器。
2. 学会变速器与万向传动装置的检修。
3. 学会驱动桥润滑油的检查与更换。

课题 2.1　传动系统概述

2.1.1　传动系统的概念

汽车传动系统是由一系列具有弹性和转动惯量的曲轴、飞轮、离合器、变速器、传动轴、万

71

向传动装置、差速器、驱动桥等组成,如图 2-1-1 所示。动力经发动机输出,经离合器、变速器增扭变速后、传动轴、主减速器、差速器、半轴传递到驱动车轮,如图 2-1-2 所示。

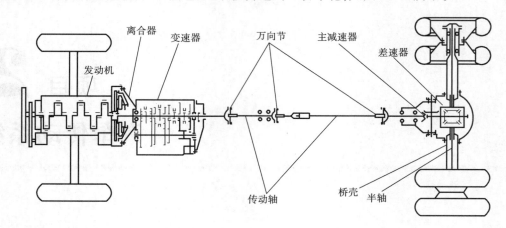

图 2-1-1 汽车传动系统

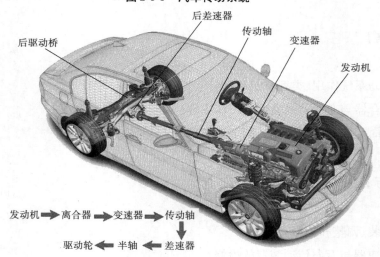

图 2-1-2 汽车传动系统动力流程示意图

　　汽车行驶过程中采用的传动操作系统是由离合器、变速器、万向转运传动设备以及相关的驱动桥共同构成的,也就是进行发动机和汽车四轮驱动器之间互相连接的动力传输设备。汽车的传动操作系统的主要应用功能有促使汽车起步的功能、变速功能、主要减慢速度的功能以及差速功能等不同应用功能,给行驶过程中的汽车以足够充足的牵引力和行车速度变化,进而可以顺利地确保行驶中的汽车可以更加安全、稳定的运行和驾驶。

2.1.2　传动系统分类

传动系统按结构和传动介质分有：机械式传动系统、液力机械式传动系统、静液式（容积液压式）传动系统和电动式传动系统，如图 2-1-3—图 2-1-6 所示。

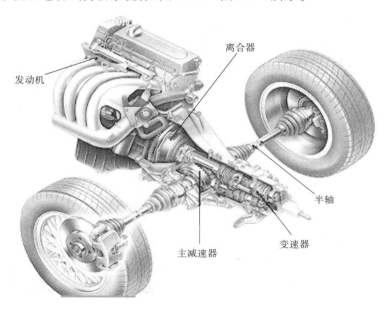

图 2-1-3　机械式传动系统

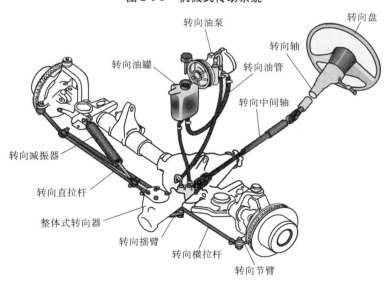

图 2-1-4　液力机械式传动系统

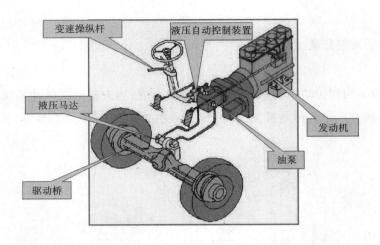

图 2-1-5　静液式传动系统

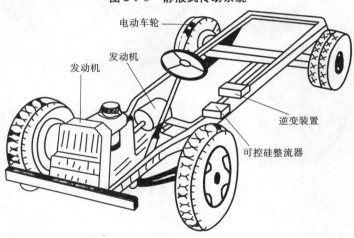

图 2-1-6　电动式传动系统

（1）机械式传动系统

机械式传动系统结构简单、工作可靠,在各类汽车上得到广泛的应用。其基本组成情况和工作原理:发动机的动力经离合器、变速器、万向节、传动轴、主减速器、差速器、半轴传给后面的驱动轮,并与发动机配合,保证汽车在不同条件下能正常行驶。为了适应汽车行驶的不同要求,传动系应具有减速增扭、变速、使汽车倒退、中断动力传递、使两侧驱动轮差速旋转等具体作用。

（2）液力传动系统

液力传动系统组合运用液力和机械来传递动力。在汽车上,液力传动一般指液传动,即以液体为传动介质,利用液体在主动元件和从动元件之间循环流动过程中动能的变化来传递动力。动液传动装置有液力偶合器和液力变矩器两种。液力偶合器只能传递扭矩,而不能改变扭矩的大小,可以代替离合器的部分功能,即保证汽车平稳起步和加速,但不能保证在换挡时变速器中的齿轮不受冲击。液力变矩器则除了具有液力偶合器的全部功能外,还能实现无级变速,故目前应用得比液力偶合器广泛得多。但是,液力变矩器的输出扭矩与输入扭矩的比值范围还不足以满足使用要求,故一般在其后再串联一个有级式机械变速器而组成液力机械变速器以取代机械式传动系中的离合器和变速器。液力机械式传动系能根据道路阻力的变化自动地在若干个车速范围内分别实现无级变速,而且其中的有级式机械变速器还可以实现自动或半自动操纵,因而可使驾驶员的操作大为简化。但是由于其结构较复杂、造价较高、机械效率较低等缺点,目前除了高级轿车和部分重型汽车以外,一般轿车和货车很少采用。

(3)静液式传动系

静液式传动系又称容积式液压传动系,主要由油泵、液压马达和控制装置等组成。发动机的机械能通过油泵转换成液压能,然后由液压马达再又转换为机械能。在图2-1-4所示方案中,只用一个水磨石马达将动力传给驱动桥主减速器,再经差速器、半轴传给驱动轮。另一方案是每一个驱动轮上都装一个水磨石马达。采用后一方案时,主减速器、差速器和半轴等机械传动件都可取消静压式传动系。由于机械效率低、造价高、使用寿命和可靠性不够理想,故目前只在某些军用车辆上开始采用。

目前市场上的绝大部分车辆都采用的是活塞式的内燃机,与之相配的传动系统大多是机械式或者液力机械式。

2.1.3　传动系统的组成和功用

(1)组成

传动系统主要由离合器、变速器、传动轴、主减速器、差速器及半轴等部分组成。各部分的功用如下。

①离合器:使发动机与传动系统平顺接合,把发动机的动力传给传动系统,或者使两者分开,切断动力。

②变速器:实现变速、变矩和倒车。

③万向传动装置:将变速器传出的动力传给主减速器。

④主减速器:降低转速,增加转矩。

⑤差速器:将主减速器传来的动力分配给左、右半轴。

⑥半轴:将动力由差速器传给驱动轮。

（2）功用

主要是与发动机协同工作,保证车辆在不同条件下正常行驶,并且具有良好的动力性和燃油经济性。为达到良好的汽车性能,传动系统需要以下几个功能:

①实现汽车增扭减速。我们知道,只有当作用在车轮上的驱动力足以克服外界对汽车的阻力时,汽车才能正常的起步行驶。而发动机直接输出的扭矩是很小,转速是很高的,如果直接将发动机动力传递给车轮,汽车的车速会很高,如此高的车速是不现实的,并且发动机直接输出的扭矩太小,也根本无法实现车辆的起步。

为解决这样的矛盾,在发动机和车轮之间加入传动系统,实现增扭减速的作用,也就是使驱动轮的转速降低为发动机转速的若干分之一,相应的驱动轮所获得的转矩也会增加到发动机输出转矩的若干倍。这样,车辆就可以实现正常起步形式,驱动轮的转矩和发动机转矩之比等于发动机转速和驱动轮转速之比,此比值也就是传动系统的传动比,当然这是在不计摩擦等条件的理想情况。

②实现汽车的变速。汽车在各种使用条件下,所允许的车速是不断变化的。为了使发动机能保持在有利的转速范围内工作,而汽车的牵引力和速度也能在足够大的范围内变化,应当使传动系统传动比在最大值和最小值之间变化,这就是传动系统的变速功能。

③实现汽车的倒车。汽车在某些使用情况下,是需要倒车行驶的,而车上的发动机是无法实现反向旋转的,为此,在变速器中增设倒挡轴和倒挡齿轮,来实现汽车在特定条件下的倒车行驶。

④必要时中断传动系统的动力传动。在汽车起步之前,必须将发动机和驱动轮之间的动力传递中断,以便启动发动机;发动机进入怠速运转后,再逐渐恢复动力的传递,实现汽车的平稳起步。当在行驶过程中需要换挡时,也需要暂时的切断动力;还有在汽车制动停车之前,也需要进行动力的切断。这些都是由传动系统中的离合器来实现。

2.1.4 汽车传动系统布置形式

（1）影响传动系统布置形式的因素

传动系统的布置形式主要受发动机类型、汽车的用途和汽车质心的位置等因素影响,其中汽车质心的位置决定了驱动桥的位置。

（2）传动系统的布置

传动系统五种布局方式,汽车的传动系统布置可以分为 5 类:发动机前置前轮驱动(FF)、发动机前置后轮驱动(FR)、发动机中置后轮驱动(MR)、发动机后置后轮驱动(RR)和全轮驱动(nWD)。

1）发动机前置前桥驱动的传动系统

FF 是现代小、中型轿车普遍采用的布置方案(图 2-1-7)。FF 的优点是:降低了车厢地台,操控性有明显的转向不足特性,另外其抗侧滑的能力比 FR 强。缺点是:上坡时驱动轮附着力会减小;前轮由于驱动兼转向,导致结构复杂、工作条件恶劣。

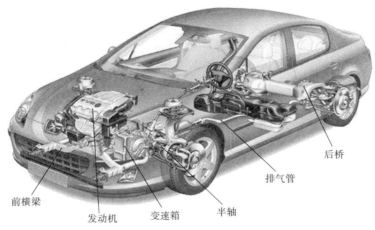

前横梁　发动机　变速箱　半轴　排气管　后桥

图 2-1-7　前置前驱传动系统

2）发动机前置后桥驱动的传动系统

最早期的汽车绝大部分采用 FR 布局,现在则主要应用在中、高级轿车中(图 2-1-8)。FR 的优点是:轴荷分配均匀,即整车的前后重量比较平衡,操控稳定性较好。缺点是:传动部件多、传动系统质量大,贯穿乘坐舱的传动轴占据了舱内的地台空间。

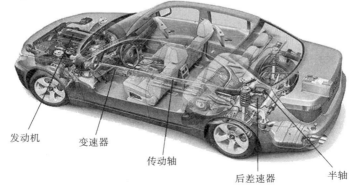

发动机　变速器　传动轴　后差速器　半轴

图 2-1-8　前置后驱传动系统

3）发动机后置后桥驱动的传动系统

早期广泛应用在微型车上，现在多应用在大客车上，轿车上已很少用，但保时捷911的"甩尾"则是因RR出名的（图2-1-9）。RR的优点是：结构紧凑，没有沉重的传动轴，也没有复杂的前轮转向兼驱动结构。缺点是：后轴荷较大，在操控性方面会产生与FF相反的转向过度倾向。

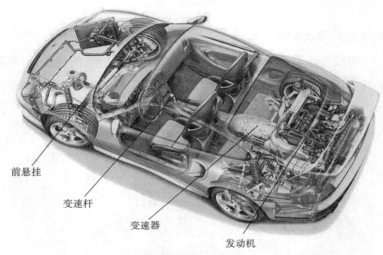

图2-1-9　后置后驱传动系统

4）发动机中置后桥驱动的传动系统

发动机放置在前、后轴之间，同时采用后轮驱动，类似F1赛车的布置形式（图2-1-10）。还有一种"前中置发动机"，即发动机置于前轴之后、乘员之前，类似于FR，但能达到与MR一样的理想轴荷分配，从而提高操控性。MR的优点是：轴荷分配均匀，具有很中性的操控特性。缺点是：发动机占去了座舱的空间，降低了空间利用率和实用性，因此MR大都是追求操控表现的跑车。

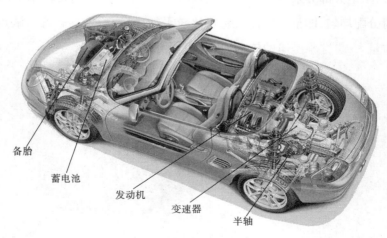

图2-1-10　中置后驱传动系统

5）全轮驱动（nWD 型）

n 代表驱动系数,对于要求能在坏路面、无路区域行驶的越野汽车,为了充分利用所有与地面之间的附着条件,以获得尽可能大的牵引力,总是将全部车轮都作为驱动车轮。这种传动与单桥驱动相比,前桥也是驱动桥,其半轴由两段组成,中间用等角速万向节来连接,如图 2-1-11 所示。

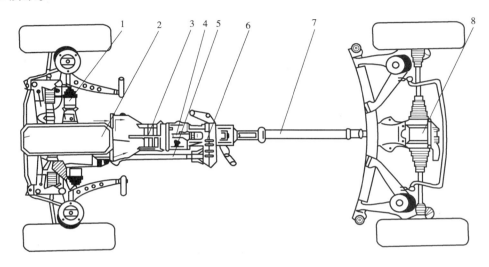

图 2-1-11　全轮驱动

1—驱动桥;2—发动机;3—离合器和变速器;4—传动装置;5—前万向传动装置;

6—分动器;7—后万向传动装置;8—后驱动桥

全轮驱动起源于军用车,由于特殊需要,其驱动力十分出色,在坏路面甚至无路地带也有较高的行驶通过性。其原理是发动机产生驱动力,经离合器、变速器传递至分动器,再通过分动器将驱动力并列输出给前传动轴和后传动轴,从而同时使所有车轮同时具有驱动力。

在较好的路面上,前桥往往不参与驱动,是从动桥。在坏路、无路的情况下,需接上前桥参与驱动,并且低速行驶,以保证足够的驱动力。所以在分动器接上前桥时先要挂上低速挡,在摘下前桥之前也应先摘下低速挡。

2.1.5　汽车传动系统重要指标

汽车动力传动系优化设计中的匹配指标,主要包括动力性、燃料经济性、综合评价指标 3 种指标。

（1）动力性指标

汽车动力传动系中的动力性指标，是指汽车传动作用下的最高车速、加速性能和爬坡性能。汽车在路面良好的路线中的最高车速，反映了汽车传动系的极限能力，轿车车速范围是140～250 km/h，货车车速范围是80～120 km/h。动力性指标中的加速性能，反映了汽车行驶时的平均速度，加速性能没有统一的评价指标，可以利用原地起步加速时间、超车加速时间评价汽车动力传动性的加速性能。爬坡性能也就是最大爬坡度，汽车挂一挡后利用车速完成规定的爬坡操作，确保汽车传动性的稳定性。动力性指标的优化设计中，一定要注意指标与汽车动力传动系的相互匹配，保障汽车具有足够的传动能力。

（2）燃料经济性指标

燃料经济性是评价汽车动力传动系的一个指标，燃料经济性指标可以分析汽车传动系是否达到优化的标准。汽车额定荷载下挂高挡，水平行驶在路面上，记录等速行驶100 km 的燃油量，检测汽车速度在10 km/h 和20 km/h 状态下的燃油消耗量，绘制成等速燃料经济特性曲线，从曲线中评价汽车传动系的燃料经济性指标，进而优化设计出传动性的燃料经济性指标参数，明确汽车动力传动系的经济效益，方便用户选择省油的汽车品牌。

（3）综合评价指标

综合评价指标优化设计是指汽车动力传动系中的动力性指标与燃料经济性指标，综合评价两项指标并获取匹配的指标参数，提高汽车动力传动系的工作效率。常规理论中，汽车动力传动系的动力性能指标越高，燃料经济性能指标也会越高，因为汽车传动时需要消耗燃料，传动需求量越大燃料消耗越高，所以两项指标优化匹配时容易出现矛盾问题，只能选择最佳的匹配值，才确保综合评价指标的合理性。综合评价指标中专门分析汽车原地起步状态下，连续执行换挡与加速，换挡加速的时间和多工况行驶中的燃料经济性指标实行加权值处理，把加权值当作综合评价指标，就可以获取最佳的综合评价指标匹配值。

2.1.6 汽车传动系统常见故障及解决方式

（1）故障

1）车桥转动不方便

现阶段，我国重机车辆在行驶过程中出现的情况比较多，这些重机车辆本身的转向盘就存在着一定的难点和挑战,在进行不断地转向时,就很有可能会出现转向盘的车盘更加沉重,难以掌控,驾驶员在进行转向的操作过程中非常吃力,不容易出现回正的情况和问题。但是,重机车辆的车桥转向沉重的情况产生的问题和原因非常多,既有可能是因为转向盘转向节臂故障,也有可能是出现转向节止推轴承等的问题,甚至是其余不同种类的原因和问题。所以,在汽车的具体行驶过程中,往往容易出现这种类型的问题和安全故障,一旦出现,则应该通过更加专业的技术人员和操作人员进行更加专业详细的判断和检查,进而发现问题的所在,这样一来,才有可能进一步进行汽车转向的维修解决和处理操作。

2)变速器乱挡和跳挡

这一类型的情况和问题在汽车的行驶过程中就非常有可能在汽车挂挡之后,出现空挡操作的问题或者是在进行驾驶员的换挡过程中不容易进行操作,不易换到更加合适的所需挡位,在进行换挡操作之后甚至容易出现退挡的情况,这种问题的成因大多数是变速杆以及输出轴的安全问题和故障。汽车的行驶安全性能可能会直接地关系到驾驶员以及乘坐客人的人身和财产安危,倘若在高速公路上的汽车行驶过程中存在着变速器换挡和挡位安全故障,进而可能影响到驾驶过程中的安全稳定性能,对相关人员产生的威胁性非常大。

3)直线行驶过程中汽车车桥跑偏

在进行重机车辆的直线安全行驶过程中,行车驾驶员应该牢牢把控住驾驶转向盘,才可以安全正常的运行和驾驶,如果不慎在操控转向盘时出现一些放松的情况,重型机车就可能会存在着直线跑偏的情况,非常不利于驾驶员对于车辆的顺利使用。这类相关的问题和情况形成原因也是多种多样的,如果不经过更加专业和合格的安全监测,就无法轻易进行判断,特别是车辆左右轮的外倾角角度存在不同以及前轮轴承的维修调理不够合格的情况等。

4)高速公路上汽车驾驶中存在车桥摆阵

目前,我国的交通情况十分繁杂多样,车辆对于高速公路的使用频率和幅度非常大,对于安全行驶汽车的速率、摆振的要求标准也在不断地提高和进步中。但是,当前我国很多生产的车辆在高速公路的安全行驶过程中可能会存在车桥摆振的问题和情况,也就是可能出现汽车行驶不稳定、摇摆前行以及车辆转向盘不够稳定操作等。可能是因为驾驶的汽车轮胎安全质量出现问题、车的轮盘受到磨损等多种因素影响,这样的情况就会给整个行驶过程带来非常严重的安全问题。同时在进行车辆行驶的过程中存在车桥低速摆头的情况,也就是重型机车在不断驾驶过程中直线慢速下降时,很容易出现车辆出现晃动以及方向不准确的情况,尤其是汽车在进行转弯行驶的过程中,只有进行更大幅度的转向盘转动操作,才可以完成转弯操作,存在的安全隐患非常重大,也极有可能是车辆的转型节臂等多种零件的问题和情况,应该指派更加专业的人员进行排查和检验。

（2）解决方式

1）车辆的车桥在进行转向过程中沉重的解决措施

在技术人员进行安全监测排查的过程中，应该优先进行前桥架起。与此同时，应该不断地转动重型机车的转向盘，倘若驾驶员进行转向的操作更加简单容易，没有出现沉重的情况，那么问题一定是出现在车辆的前桥上。基于此要针对相同的后桥架起操作情况，更加详细地检查重型机车前轮的有关问题。在进行安全检查过程中，不可以忽略汽车前桥使用的钢板弹簧性能和特点，在一定的情况下，再进行车辆车轮的安全定位角度分析。

2）解决和处理车桥跑偏的情况

这一类型的问题在进行安全检查中，首先应该检测重型机车的车辆车轮安全质量情况，这样就可以给重型机车换上全新的安全轮胎，再进行多次观察检测是否存在车桥跑偏的情况和现象，倘若没有出现跑偏的情况，那就说明车辆的老旧轮胎存在着安全质量问题和情况。与此同时，还应该检测车辆的轮毂轴承位置、手触跑偏制动鼓等部件是否存在发热的情况，如果存在这一情况，那就可能表明车辆的轴承维修调整太过紧密。主要的安全操作步骤还应该进行互相对称的轴承安全测量，倘若不能够及时准确地认定安全问题的成因，就应该检验车辆轮胎的安全定位是否准确。

3）高速摆振情况对应的解决措施

高速公路上的摆振情况应该优先对车辆转向器等相关装备进行详细的安全监测，进一步判定出其连接是否合理紧密以及安全质量情况如何。支起驱动车辆驱动桥，并在前轮加安全塞块，启动发动机，逐步换入高速挡，观测驱动轮存在的摆阵情况。这一安全监测过程通常需要更加专业的精准仪器的使用和操作，特别是在进行车轮安全原因相关情况的判定过程，就应该使用安全监测仪器辅助对重型机车的车轮进行相互更替情况的分析与对比。

4）解决和处理低速摆头情况和问题

通常情况下，汽车出现低速摆头的情况是因为相关零件之间互相存在间隙和空隙，甚至连接不够紧密。在相关人员进行安全监测过程中，应该分步进行判定，可以优先进行转向节的检验，倘若存在车辆转向盘松动的情况，应有针对性地调整主销及衬套之间的相互配合情况。

5）对汽车进行不定期的维修保养和检测

即使是对整个汽车存在的安全问题进行更加精确的维修调整，也无法顺利保障汽车的安全质量和情况。在驾驶员进行驾驶的过程中，应该通过相关人员对自己的车辆进行有效的维修检测，特别是对于整个汽车传动操作系统的维修调整，进一步保障汽车驾驶过程中的各部件能够相互协调、正常运行，而不是仅仅依靠故障时的维修来保障汽车的性能。

课题 2.2 离 合 器

离合器位于发动机和变速器之间的飞轮壳内,用螺钉将离合器总成固定在飞轮的后平面上,离合器的输出轴就是变速器的输入轴。在汽车行驶过程中,驾驶员可根据需要踩下或松开离合,使发动机与变速器暂时分离和逐渐接合,以切断或传递发动机向变速器输入的动力。离合器是机械传动中的常用部件,可将传动系统随时分离或接合。离合器结构如图2-2-1所示。

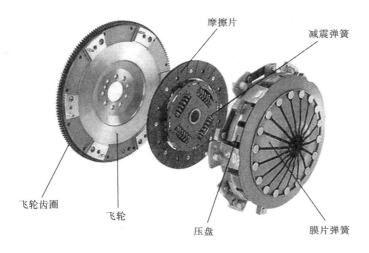

图 2-2-1 离合器结构

对离合器的基本要求有:接合平顺,分离迅速而彻底;调节和修理方便;外廓尺寸小;质量小;耐磨性好并具有足够的散热能力;操作方便省力。

2.2.1 离合器的功用及工作原理

(1)功用

1)保证汽车平稳起步

起步前汽车处于静止状态,如果发动机与变速器是刚性连接的,一旦挂上挡,汽车将由于突然接上动力突然前冲,不但会造成机件的损伤,而且驱动力也不足以克服汽车前冲产生的巨大惯性,使发动机转速急剧下降而熄火。如果在起步时利用离合器暂时将发动机和变速器分离,然后离合器逐渐接合,由于离合器的主动部分与从动部分之间存在着滑磨的现象,可以使离合器传出的扭矩由零逐渐增大,而汽车的驱动力也逐渐增大,从而让汽车平稳地起步。

2)便于换挡

汽车行驶过程中,经常换用不同的变速器挡位,以适应不断变化的行驶条件。如果没有离合器将发动机与变速器暂时分离,那么变速器中啮合的传力齿轮会因载荷没有卸除,其啮合齿面间的压力很大而难于分开。另一对待啮合齿轮会因二者圆周速度不等而难于啮合。即使强行进入啮合也会产生很大的齿端冲击,容易损坏机件。利用离合器使发动机和变速器暂时分离后进行换挡,则原来啮合的一对齿轮因载荷卸除,啮合面间的压力大大减小,就容易分开。而待啮合的另一对齿轮,由于主动齿轮与发动机分开后转动惯量很小,采用合适的换挡动作就能使待啮合的齿轮圆周速度相等或接近相等,从而避免或减轻齿轮间的冲击。

3)防止传动系统过载

汽车紧急制动时,车轮突然急剧降速,而与发动机相连的传动系统由于旋转的惯性,仍保持原有转速,这往往会在传动系统中产生远大于发动机转矩的惯性矩,使传动系的零件容易损坏。由于离合器是靠摩擦力来传递转矩的,所以当传动系统内载荷超过摩擦力所能传递的转矩时,离合器的主、从动部分就会自动打滑,因而起到了防止传动系过载的作用。

4)降低扭振冲击

汽车发动机的工作原理决定了其输出扭矩的不平稳。在做功冲程,燃烧室气体爆炸产生极大冲击扭矩,而在其他冲程,却是靠惯性反拖发动机。虽然发动机本身转动系统具有的惯性可降低扭振,但剩余的冲击力仍然对后续的变速器、传动轴产生不利影响。而离合器中的减振弹簧(切向分布),可显著降低发动机带来的扭振冲击,延长变速齿轮寿命。

(2)工作原理

离合器的主动部分和从动部分借接触面间的摩擦作用,或是用液体作为传动介质(液力偶合器),或是用磁力传动(电磁离合器)来传递转矩,使两者之间可以暂时分离,又可逐渐接合,在传动过程中又允许两部分相互转动。

目前在汽车上广泛采用的是用弹簧压紧的摩擦离合器(简称为"摩擦离合器")。

发动机发出的转矩,通过飞轮及压盘与从动盘接触面的摩擦作用,传给从动盘。当驾驶员踩下离合器踏板时,通过机件的传递,使膜片弹簧大端带动压盘后移,此时从动部分与主动部分分离。

1)接合状态

离合器在接合状态下,操纵机构各部件在复位弹簧的作用下回到图2-2-2所示的各自位置。分离杠杆内端与分离轴承之间保持有一定的间隙,压紧弹簧将飞轮、从动盘和压盘三者压紧在一起,发动机的转矩经过飞轮及压盘通过从动盘两摩擦面的摩擦作用传递给从动盘,再由从动轴输入到变速器。

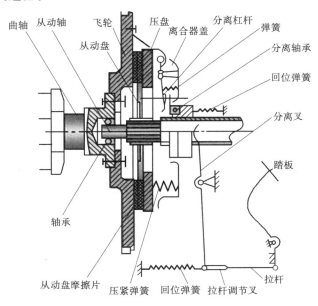

图 2-2-2　离合器接合状态

2）分离过程

分离离合器时,驾驶员踩下离合器踏板,分离套筒和分离轴承在分离叉的推动下,先消除分离轴承与分离杠杆内端之间的间隙,然后推动分离杠杆内端前移,使分离杠杆外端带动压盘克服压紧弹簧作用力移,摩擦作用消失,离合器的主、从动部分离,中断动力传动。

3）接合过程

接合离合器时,驾驶员缓慢抬起离合器踏板,在压紧弹簧的作用下,压盘向前运动并逐渐压紧从动盘,使接触面间的压力逐渐增加,摩擦力矩也逐渐增加;当飞轮、压盘和从动盘之间接合还不紧密时,所能传动的摩擦力矩较小,离合器的主、从动部分有转速差,离合器处于打滑状态;随着离合器踏板的逐渐抬起,飞轮、压盘和从动盘之间的压紧程度逐渐紧密,主、从动部分的转速也渐趋相等,直到离合器完全接合而停止打滑,结合过程结束。

摩擦离合器应能满足以下基本要求:

①保证能传递发动机发出的最大转矩,并且还有一定的传递转矩余力。

②能做到分离时,彻底分离,接合时柔和,并具有良好的散热能力。

③从动部分的转动惯量尽量小一些。这样,在分离离合器换挡时,与变速器输入轴相连部分的转速就比较容易变化,从而减轻齿轮间冲击。

④具有缓和转动方向冲击,衰减该方向振动的能力,且噪声小。

⑤压盘压力和摩擦片的摩擦系数变化小,工作稳定。

⑥操纵省力,维修保养方便。

2.2.2 离合器的分类及组成

(1)分类

汽车上应用的离合器主要有 3 种形式:摩擦离合器、液力耦合器和电磁离合器。

①摩擦离合器:指利用主、从动部分的摩擦作用来传递转矩的离合器,其组成如图 2-2-3 所示。

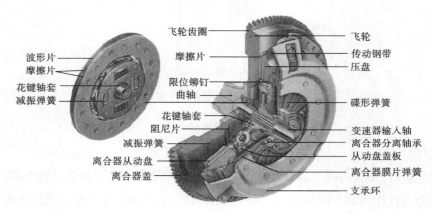

图 2-2-3　摩擦离合器

②液力耦合器:指利用液体作为传动介质的离合器,其组成如图 2-2-4 所示。

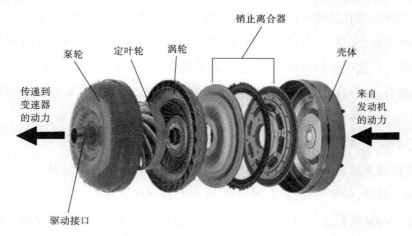

图 2-2-4　液力耦合器

③电磁离合器:指利用磁力传动的离合器,如在空调中应用的就是这种离合器。

本书只介绍在汽车传动系统中应用最广泛的摩擦离合器。

(2)离合器的基本组成

汽车离合器的基本组成如图 2-2-5 所示。以目前汽车上广泛采用的摩擦式离合器为例,其基本结构主要由飞轮、从动部分(从动盘)、压紧机构(压缩弹簧)和分离机构 4 部分组成。从动盘一般采用高摩擦的耐热材料制成。

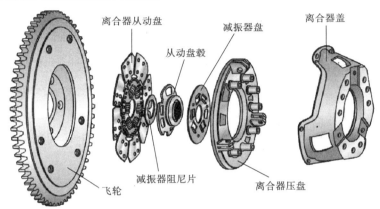

图 2-2-5　汽车离合器的基本组成

离合器结构如图 2-2-6 所示,主动部分包括飞轮、离合器盖和压盘。离合器盖用螺栓固定在飞轮上,压盘后端四周上的凸台伸入离合器盖的窗口中,并可沿窗口轴向移动。这样,当发动机转动时,动力便经飞轮、离合摩擦片减振弹簧器盖传到压盘,并一起转动。

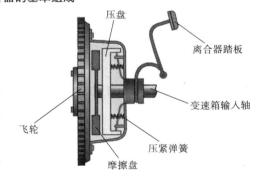

图 2-2-6　摩擦离合器结构示意图

从动部分包括从动盘和从动轴。从动盘带有双面的摩擦片,离合器正常接合时分别与飞轮和压盘相接触;从动盘通过花键毂装在从动轴的花键上,从动轴是手动变速器的输入轴(一轴),其前端通过轴承支承在曲轴后端的中心孔中,后端支承在变速器壳体上。

压紧机构由若干根沿圆周均匀布置的压紧弹簧,它们装在压盘与离合器盖之间,用来将压盘和从动盘压向飞轮,使飞轮、从动盘和压盘三者压紧在一起。

操纵机构包括离合器踏板、分离拉杆、调节叉、分离叉、分离套筒、分离轴承、分离杠杆、复位弹簧等组成。

2.2.3 离合器的操纵机构

离合器操纵机构是离合器系统的重要组成部分,是驾驶员用以使离合器分离、接合的一套装置,它始于离合器的踏板,终止于离合器壳内的分离轴承。离合器操纵机构按传动方式划分,主要有机械式、液压式和助力式。虽然离合器操纵机构类型较多,但位于飞轮壳内的分离操纵机构的结构基本相同,这里主要介绍位于飞轮壳外面的离合器操纵机构。

(1)机械式离合器操纵机构

机械式离合器操纵机构以驾驶员的体力作为唯一的操纵能源,它有杆系和绳索传动两种。前者的特点是关节点多,摩擦损失大,工作时会受车架或车身变形的影响,且不能采用吊式踏板,载货汽车常用此类机构。后者的特点是可消除杆系的缺点,适用吊式踏板,但操纵拉索寿命较短,拉伸刚度较小,常用于中、轻型轿车,微型汽车等。上述两种装置的共同特点是结构简单、成本低、故障少,缺点是机械效率低。

机械式离合器操纵机构工作原理:离合器分离时,拉线被收紧,拉线护套压缩弹簧并带动其下端的锁止推块下移。锁止推块的锥面将锁球向外紧压在缸筒壁上,调整机构被锁止。这时,拉线护套下端被锁止推块和锁球固定在缸筒壁上。接着踩下离合器踏板,拉线下端将上移,带动分离杠杆,使离合器分离。当放松离合器踏板回位时,拉线下端受拉力作用下移,夹持块被拉到锁球保持架的底面,与锁球保持架一同向下运动,锁球脱离锁止推块的锥面,自动调整机构被松开,恢复到离合器接合状态,如图 2-2-7 所示。

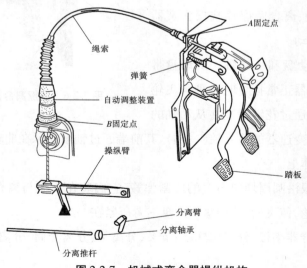

图 2-2-7 机械式离合器操纵机构

（2）液压式离合器操纵机构

　　液压式离合器操纵机构是通过液压主缸将驾驶员施于踏板上的力放大,以操纵离合器传动装置,其特点是摩擦阻力小、质量小、布置方便、接合柔和、不受车身外形影响。常见于中、高级轿车和轻型客车中使用,是普遍采用的一种操纵类型,如图 2-2-8 所示。

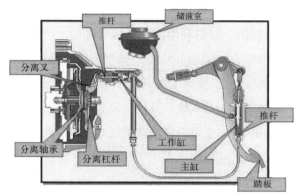

图 2-2-8　液压式离合器操纵机构结构示意图

　　液压式离合器操纵机构由离合器踏板、离合器主缸、储液室、离合器工作缸、进油管和高压油管等组成。

　　桑塔纳轿车离合器液压操纵系统如图 2-2-9 所示。当踏下离合器踏板时,通过主缸推杆使活塞向左移动,止回阀关闭。当活塞前皮碗将补偿孔关闭后,管路中油压开始升高。在油压作用下,工作缸活塞右移,工作缸和推杆顶头直接推动分离板,带动分离套筒和分离轴承左移,使离合器分离。

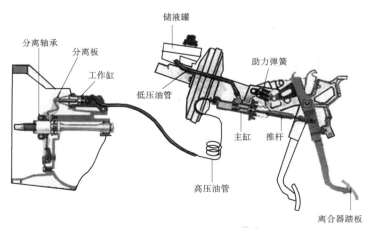

图 2-2-9　桑塔纳轿车离合器液压操纵系统

　　当快速放松离合器踏板时,复位弹簧使主缸活塞较快右移,由于管道阻力的作用,管路中油液回流到油缸的速度跟不上活塞的移动,使活塞左面可能形成一定的真空度。在压力差的作用下,从储液室和进油管来的油液经进油孔和活塞上的轴向小孔,沿皮碗的外缘流向活塞下左边油腔弥补真空。当工作缸活塞复位,原先压到工作缸的油液流回主缸时,多余的油液经补偿孔流入进油管和储液室。当液压系统因漏损或温度变化引起油液容积改变时,可通过补偿孔自动进、出油液,保证液压操纵系统的正常工作。

(3)气压助力液压操纵机构

气压助力式离合器操纵机构一般是利用由发动机带动的空气压缩机提供的能量作为主要的操纵能源,驾驶员的肌体则作为辅助的和后备的操纵能源。由于包括空气压缩机、储气罐在内的一整套压缩空气源,结构较复杂,质量也大,所以单为离合器操纵机构设置整套能源系统是不适宜的,一般都是与汽车的气压制动系统及其他气动设备共用一套压缩空气源。空气压助力装置可以装设在机械式操纵机构中,也可以装设在液压式操纵机构中,如图2-2-10所示。

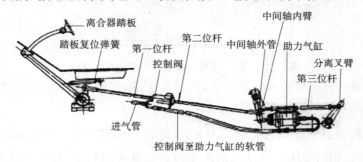

图2-2-10　气压助力液压操纵机构

对操纵机构的要求:

实践证明,离合器不论用液压操纵机构还是气压助力液压操纵机构,工作都是十分可靠的,是高速、远距离行驶汽车的首选型式。但要注意以下几点:

①气压操纵机构的系统压力必须大于0.22 MPa;

②气压助力液压操纵机构的储气筒内压缩空气的压力必须达到规定的标准(≥450 kPa),否则踩踏离合器踏板时感到沉重;

③应确保液压工作缸、主缸和助力器各部的密封性,如有漏泄,离合器下踩也会感到沉重;

④液压工作缸、主缸和助力器的各运动件,要求动作灵活,不得有任何卡滞现象;

⑤应及时更换老化的膜片。

2.2.4　膜片弹簧离合器的拆装与检查

按压紧弹簧的形式不同,摩擦离合器可以分为周布弹簧离合器、中央弹簧离合器和膜片弹簧离合器。周布弹簧离合器和中央弹簧离合器采用螺旋弹簧分别沿压盘的圆周和中央布置;膜片弹簧离合器采用膜片弹簧,目前应用最广泛。

膜片弹簧离合器是用膜片弹簧代替了一般螺旋弹簧以及分离杆机构而做成的离合器,因为它布置在中央,所以也可算中央弹簧离合器。膜片弹簧是一个用薄弹簧钢板制成的带有一定锥度,中心部分开有许多均布径向槽的圆锥形弹簧片。膜片弹簧是碟形弹簧的一种,由碟簧部分和分离指部分组成。

(1)膜片弹簧离合器的结构与特点

膜片弹簧离合器目前在各种类型的汽车上都广泛应用。膜片弹簧离合器由主动部分、从动部分、压紧机构和操纵机构组成(操纵机构本任务不进行介绍)。其构造如图 2-2-11—图 2-2-13所示。

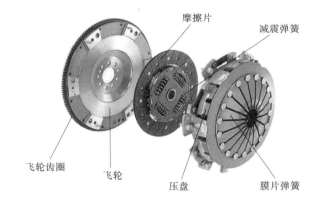

图 2-2-11 膜片弹簧离合器分解图

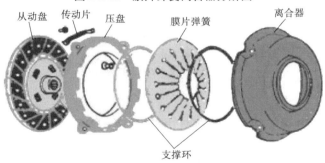

图 2-2-12 膜片弹簧离合器盖和压盘分解图

主动部分由飞轮、离合器盖和压盘组成。离合器盖通过螺栓固定在飞轮上,为了保持正确的安装位置,离合器盖通过定位销进行定位。压盘与离合器盖之间通过周向均布的三组或四组传动片来传递转矩。传动片用弹簧钢片制成,每组两片,一端用铆钉连接在离合器盖上,另一端用螺钉连接在压盘上。

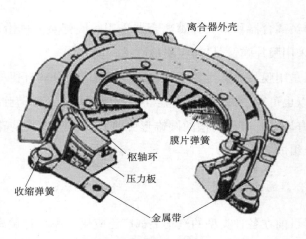

离合器外壳

膜片弹簧

枢轴环

压力板

收缩弹簧

金属带

图 2-2-13　膜片弹簧内合器盖和压盘

从动部分包括从动盘和从动轴,从动盘一般都带有扭转减振器。发动机传到传动系统的转速和转矩是周期性变化的,使传动系统产生扭转振动,这将使传动系统的零部件受到冲击性交变载荷,使寿命下降、零件损坏。采用扭转减振器可以有效地防止传动系统的扭转振动。带扭转减振器的从动盘的结构和原理如图 2-2-14 所示。

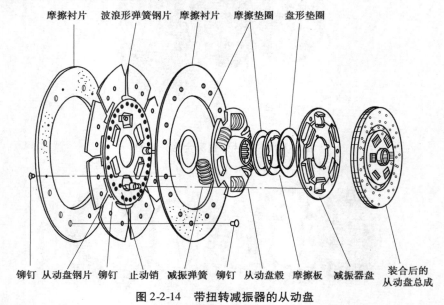

摩擦衬片　波浪形弹簧钢片　摩擦衬片　摩擦垫圈　盘形垫圈

铆钉　从动盘钢片　铆钉　止动销　减振弹簧　铆钉　从动盘毂　摩擦板　减振器盘　装合后的从动盘总成

图 2-2-14　带扭转减振器的从动盘

从动盘钢片外圆周铆接有波浪形弹簧钢片,摩擦片分别铆接在弹簧钢片上,从动盘钢片与减振器盘铆接在一起 ,这两者之间夹有摩擦垫圈和从动盘毂。从动盘毂、从动盘钢片和减振器盘上都有 6 个圆周均布的窗孔,减振弹簧装在窗孔中。

当从动盘受到转矩时,转矩从摩擦衬片传到从动盘钢片,再经减振弹簧传给从动盘毂,此时弹簧将被压缩,吸收发动机传来的扭转振动。压紧机构是膜片弹簧,其径向开有若干切槽,形成弹性杠杆。切槽末端有圆孔,固定铆钉穿过圆孔,并固定在离合器盖上。膜片弹簧两侧

装有钢丝支承环,这两个钢丝支承环是膜片弹簧工作时的支点。膜片弹簧的外缘通过分离钩
与压盘联系起来。

膜片弹簧离合器的工作原理如图 2-2-15 所示。当离合器盖未安装到飞轮上时,膜片弹簧
不受力而处于自由状态,此时离合器盖与飞轮之间有一距离 S,如图 2-2-15(a)所示。当离合
器盖通过螺栓固定在飞轮上时,膜片弹簧在支承环处受压产生弹性变形,此时膜片弹簧的外
圆周对压盘产生压紧力使离合器处于接合状态,如图 2-2-15(b)所示。当踩下离合器踏板时,
分离轴承推动膜片弹簧,使膜片弹簧以支承环为支点外圆周向后翘起,通过分离钩拉动压盘
后移使离合器分离,如图 2-2-15(c)所示。

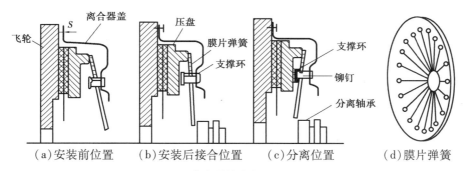

图 2-2-15　膜片弹簧离合器的工作原理

从上面的介绍中可以看出,膜片弹簧既是压紧弹簧,又是分离杠杆,使结构简化了,如图
2-2-15(d)。另外膜片弹簧的弹簧特性优于圆柱螺旋弹簧,所以膜片弹簧离合器的应用越来
越广泛,在各种车型上都有应用。

(2)膜片弹簧离合器的特点

1)优点

①具有较理想的非线性弹性特性。由图 2-2-16 可知,在摩擦片磨损达容许的极限位置
$\Delta\lambda$ 时,弹簧压缩变形量减小,;此时螺旋弹簧压紧
力下降较大,将使离合器压紧力不足而产生滑磨
膜片弹簧压紧力相差不多,离合器仍能继续工作。
当离合器分离量为 $\Delta\lambda''$ 时,膜片弹簧离合器所需
作用力比螺旋弹簧离合器的作用力小得多,膜片
弹簧离合器操作轻便。

②膜片弹簧离合器本身兼压紧弹簧和分离杠
杆的作用,使离合器结构大大简化并显著地缩短
了离合器的轴间尺寸;再者,膜片弹簧具有良好的非线性特性,设计合适可使摩擦片磨损到极

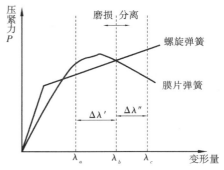

图 2-2-16　螺旋弹簧和膜片弹簧的弹性特征

限,压紧力仍能维持很少改变,且减轻分离离合器时的踏板力,使操纵轻便。

③由于膜片弹簧与压盘的整个圆周接触,使压力分布均匀,摩擦片接触良好,磨损均匀。

④膜片弹簧是一种旋转对称零件,弹簧中心与离合器中心重合,平衡性好,在高速下,其压紧力降低很小,而周置的螺旋弹簧在高速下因受离心力作用会产生横向挠曲,弹簧严重鼓出,从而降低对压盘的压紧力。

⑤易于实现良好的通风散热,使用寿命长。

2)缺点

①膜片弹簧的制造工艺复杂,制造成本较高,对材质和精度要求较高,其非线性弹性特性在生产中不易控制,开口处容易产生裂纹,端部容易磨损。

②在一般的压式膜片弹簧离合器中,在支承环磨损时,在膜片弹簧与支承环之间形成的间隙导致离合器踏板自由行程增大,但在拉式膜片弹簧离合器中能消除上述缺点。

(3)膜片弹簧离合器维修

1)离合器从动盘的测量,更换标准及压盘的检测

①从动盘的检查。

a. 先目视检查,看从动盘摩擦片是否有裂纹、铆钉外露、减振器弹簧断裂、花键毂磨损等严重情况如果有则更换从动盘。

b. 再检查从动盘的端面圆跳动,如图 2-2-17 所示。在距从动盘外缘 2.5 mm 处测量,离合器从动盘最大端面圆跳动为 0.4 mm。

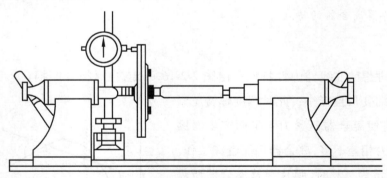

图 2-2-17　检查从动盘的端面圆跳动

c. 最后检查从动盘摩擦片的磨损程度,如图 2-2-18 所示。摩擦片的磨损程度可用游标卡尺进行测量。铆钉头埋入深度应不小于 0.3 mm。

②压盘的检查。

a. 压盘若出现翘曲、破裂或过度磨损,应及时更换。

b. 离合器压盘平面度不应超过 0.2 mm,检查方法是用刀口尺压在压盘上,然后用塞尺测

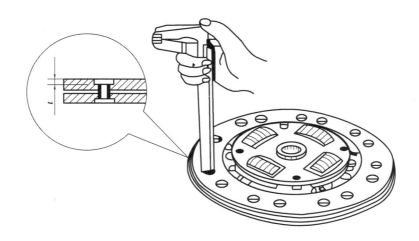

图 2-2-18　检查从动盘摩擦片的磨损程度

量,图 2-2-19 所示。

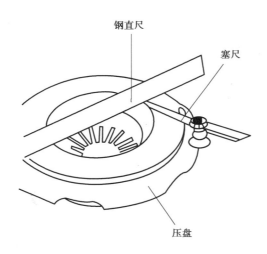

图 2-2-19　压盘的检查

2)膜片弹簧的检查

①膜片弹簧磨损的检查。

用游标卡尺测量膜片弹簧与分离轴承接触部位磨损的深度和宽度,如图 2-2-20 所示。深度应小于 0.6 mm,宽度应小于 5 mm,否则应更换。

②膜片弹簧变形的检修。

用专用工具盖住分离指内端,然后用塞尺测量弹簧内端与专用工具之间的间隙。弹簧内端应在同一平面内,间隙不应超过 0.5 mm,否则用维修工具将变形过大的弹簧分离指撬起以进行调整。

3)分离轴承检查

分离轴承检查如图 2-2-21 所示。

95

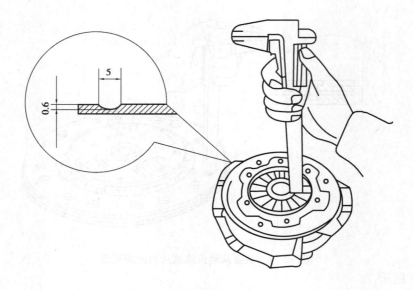

图 2-2-20　膜片弹簧磨损的检查

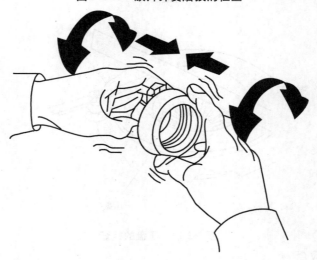

图 2-2-21　分离轴承检查

①一面用手旋转轴承,一面施加轴向压力,检查有没有出现异常声音,如发现异常者,则需更换轴承。

注意:轴承是永久润滑的,不需要擦拭或者润滑。

②握住轴承毂和轴承外壳,上下左右移动,确认自动定心机构没有卡住。轴承毂和轴承壳要能向各方向移动约 1 mm。如发现故障,则更换轴承。

4)实车检查

离合器结构的拆卸和检查,如图 2-2-22 所示。

①拆卸离合器外壳和离合器盘。

图 2-2-22　离合器结构的拆装和检查

a. 将离合器外壳和飞轮放在一起,做好装配记号。

b. 松开定位螺栓圈。如此反复,直至离合器外壳上没有弹簧压力,然后拆下外壳和离合器盘。

注意:在拆卸过程中,一定要注意防止离合器跌落(螺栓对角拆卸);离合器上不能沾上油污和其他异物,同时可以使用游标卡尺对离合器盘测量外壳螺栓扭力。

②检查离合器摩擦片是否有损坏。

a. 测量摩擦片铆钉的深度,最小深度为 0.3 mm。

b. 检查摩擦片是否有异常损坏,检查齿槽是否有磨损或损坏,将离合器与传动桥的输入轴配合,确保没有过分松动或卡住,如图 2-2-23 所示。

图 2-2-23　检查离合器摩擦片是否有损坏

注意：如果离合器盘衬层磨损，离合器盘需要更换，分离轴承发卡、异响需要更换；如果离合器盘磨损极度严重，要检查飞轮和压盘衬层相互结合部分，发现摩擦损伤，必须磨平修复。有必要时可以进行更换。

2.2.5 离合器常见故障及处理

离合器的主要故障可分为离合器打滑、离合器分离不彻底、起步发抖、离合器异响等 4 大类，下面分别介绍 4 种离合器故障的现象和原因，以及故障的诊断方法。

（1）离合器打滑

故障现象：汽车用低速挡起步时，放松离合器踏板后，汽车不能起步或起步困难；汽车加速行驶时，车速不能随发动机转速的提高而提高，感到行驶无力，严重时产生焦煳味或冒烟等现象。

原因：离合器踏板没有自由行程，使分离轴承压在分离杠杆上；从动盘摩擦片、压盘或飞轮工作面磨损严重，离合器盖与飞轮的连接松动，使压紧力减弱；从动盘摩擦片油污、烧蚀、表面硬化、铆钉外露、表面不平，使摩擦系数下降；压力弹簧疲劳或折断，膜片弹簧疲劳或开裂，使压紧力下降；离合器操纵杆系卡滞，分离轴承套筒与导管间油污、尘腻严重，甚至造成卡滞，使分离轴承不能回位；分离杠杆弯曲变形，出现运动干涉，不能回位。

故障诊断：检查离合器踏板自由行程，如不符合规定应予以调整；如果自由行程正常，应拆下变速器壳，检查离合器与飞轮连接螺栓是否松动，如松动则拧紧；如果离合器仍然打滑，应拆下离合器检查从动盘摩擦片的状况。如果有油污，一般可用汽油清洗并烘干，然后找出油污来源并设法排除。如果摩擦片磨损严重或有铆钉外露，应更换从动盘；如果从动盘完好，则应分解离合器，检查压紧弹簧，如果弹力过软则应更换。

总结：离合器打滑主要可以从从动盘压不紧、从动盘摩擦系数下降等方面加以考虑。

（2）离合器分离不彻底

故障现象：发动机怠速运转时，踩下离合器踏板，挂挡有齿轮撞击声，且难以挂入；如果勉强挂上挡，则在离合器踏板尚未完全放松时，发动机熄火故障。

原因：离合器踏板自由行程过大；分离杠杆弯曲变形、支座松动、支座轴销脱出，使分离杠杆内端高度难以调整；分离杠杆调整不当，其内端不在同一平面内或内端高度太低；双片离合器中间压盘限位螺钉调整不当，个别分离弹簧疲劳、高度不足或折断，中间压盘在传动销上或在离合器驱动窗口内轴向移动不灵活；从动盘钢片翘曲、摩擦片破裂或铆钉松动；新换的摩擦片太厚或从动盘正反装错;从动盘花键孔与变速器第一轴花键轴卡滞;离合器液压操纵机构漏油、有空气或油量不足;膜片弹簧弹力减弱;发动机支承磨损或损坏,发动机与变速器不同心。

故障诊断:检查离合器踏板自由行程,如果自由行程过大则进行调整。否则检查液压操纵机构是否储液罐油量不足或管路中有空气,并进行必要的排除。如果不是上述问题应继续检查;检查分离杠杆内端高度,如果分离杠杆高度太低或不在同一平面,则进行调整。否则检查从动盘是否装反。如果都没问题则继续检查;检查从动盘是否翘曲变形、铆钉脱落,从动盘是否轴向运动卡滞等,如果是则进行更换或修理。

总结:离合器分离不彻底主要可以从离合器踏板自由行程、分离杠杆高度、从动盘等几个方面考虑。

（3）起步发抖

故障现象:汽车用低速挡起步时,按操作规程逐渐放松离合器踏板并徐徐踩下加速踏板,离合器不能平稳接合且产生抖振,严重时甚至整车产生抖振现象。

原因:分离杠杆内端高度不处在同一平面内;从动盘或压盘翘曲变形,飞轮工作端面的端面圆跳动严重;从动盘摩擦片厚度不均匀、油污、烧焦、表面不平整、表面硬化、铆钉头露出、铆钉松动或切断、波形弹簧片损坏;压紧弹簧的弹力不均、疲劳或个别折断,膜片弹簧疲劳或开裂;从动盘上的缓冲片破裂或减振弹簧疲劳、折断;发动机支架、变速器、飞轮、飞轮壳等的固定螺栓松动;分离轴承套筒与导管油污、尘腻严重,使分离轴承不能回位。

故障诊断:检查离合器踏板、分离轴承等回位是否正常,如果正常则继续检查;检查发动机支架、变速器、飞轮、飞轮壳等的固定螺栓是否松动,如果是则紧固螺栓,否则继续检查;检查分离杠杆的内端是否在同一平面,如果是则继续检查;检查压盘、从动盘是否变形,铆钉是否松动、外露,压紧弹簧的弹力是否不在允许范围内,如果是则更换或修理。

总结:起步发抖主要可以从起步时离合器在接合过程中不平稳来考虑,即发动机在匀速转动,而由于离合器接合不平稳使离合器的从动部分转动不平稳,从而反映为离合器乃至整车的抖振。

（4）离合器异响

故障现象:离合器分离或接合时发出不正常的响声。

原因:分离轴承缺少润滑剂,造成干磨或轴承损坏;分离轴承与分离杠杆内端之间无间隙;分离轴承套筒与导管之间油污、尘腻严重或分离轴承回位弹簧与踏板回位弹簧疲劳、折断、脱落,使分离轴承回位不佳;从动盘花键孔与其花键轴配合松旷;从动盘减振弹簧退火、疲劳或折断;从动盘摩擦片铆钉松动或铆钉头外露;双片离合器传动销与中间压盘和压盘的销孔磨损。

故障诊断:稍稍踩下离合器踏板,使分离轴承与分离杠杆接触,如果有"沙沙"的响声则为分离轴承响;如果加油后仍响,说明轴承磨损过度或损坏,应更换;踩下、抬起离合器踏板;如果出现间断的碰撞声,说明分离轴承前后有窜动,应更换分离轴承回位弹簧;连踩踏板,如果离合器刚接合或刚分开时有响声,说明从动盘铆钉松动或外露,应更换从动盘。

总结:离合器异响主要可以从磨损过度、松旷、过紧、运动中刮碰等方面加以考虑。

课题 2.3　变速器

汽车变速器是一套用来协调发动机的转速和车轮的实际行驶速度的变速装置,用于发挥发动机的最佳性能。变速器可以在汽车行驶过程中,在发动机和车轮之间产生不同的变速比。变速器的位置如图 2-3-1 所示。

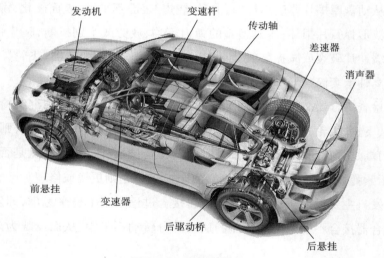

图 2-3-1　变速器的位置

2.3.1　变速器的功用、分类及组成

(1)功用

变速器为汽车重要的组成部分,是承担放大发动机扭矩,配合发动机功扭特性,实现理想

动力传递,从而适应各种路况,实现汽车行驶的主要装置。变速器的功用主要有以下 4 个方面。

①改变传动比,满足不同行驶条件对牵引力的需要,使发动机尽量工作在有利的工况下,满足可能的行驶速度要求。在较大范围内改变汽车行驶速度的大小和汽车驱动轮上扭矩的大小。由于汽车行驶条件不同,要求汽车行驶速度和驱动扭矩能在很大范围内变化。例如,在高速路上车速应能达到 100 km/h,而在市区内,车速常在 50 km/h 左右。空车在平直的公路上行驶时,行驶阻力很小,则当满载上坡时,行驶阻力便很大。而汽车发动机的特性是使转速变化范围较小,而转矩变化范围更不能满足实际路况需要。

②实现倒车行驶,用来满足汽车倒退行驶的需要。发动机曲轴一般都是只能向一个方向转动的,而汽车有时需要能倒退行驶,因此,往往利用变速器中设置的倒挡来实现汽车倒车行驶。

③中断动力传递。在发动机起动、怠速运转、汽车换挡或需要停车进行动力输出时,中断向驱动轮的动力传递。

④实现空挡。当离合器接合时,变速器可以不输出动力。例如,可以保证驾驶员在发动机不熄火时松开离合器踏板离开驾驶员座位。

(2)分类

①汽车自动变速器常见的有 4 种形式:液力自动变速器(AT)、机械无级自动变速器(CVT)、电控机械自动变速器(AMT)、双离合器变速器(DSG)。应用最广泛的是 AT,AT 几乎成为自动变速器的代名词。

AT 是由液力变矩器、行星齿轮和液压操纵系统组成,通过液力传递和齿轮组合的方式来实现变速变矩。其中液力变矩器是最重要的部件,它由泵轮、涡轮和导轮等构件组成,兼有传递扭矩和离合的作用。

与 AT 相比,CVT 省去了复杂而又笨重的齿轮组合变速传动,而是两组带轮进行变速传动。通过改变驱动轮与从动轮传动带的接触半径进行变速。由于取消了齿轮传动,因此其传动比可以随意变化,变速更加平顺,没有换挡的突跳感。

AMT 和 AT 一样是有级自动变速器。它在普通手动变速器的基础上,通过加装微电脑控制的电动装置,取代原来由人工操作完成的离合器的分离、接合及变速器的选挡、换挡动作,实现自动换挡。

DSG 变速器与传统自动变速器有明显的区别,DSG 从一开始就没有采用液压式扭矩变换器。这款变速器不是在传统概念的自动变速器基础上生产出来的,设计 DSG 的工程师们走了一条具有革新性的全新技术之路,巧妙地把手动变速器的灵活性和传统自动变速器的方便性结合在一起。

②按传动比变化方式的不同,变速器可分为有级式、无级式和综合式 3 种。

a. 有级式变速器是目前使用最广的一种。它采用齿轮传动,具有若干个定值传动比。按所用轮系形式不同,有轴线固定式变速器(普通变速器)和轴线旋转式变速器(行星齿轮变速器)2 种。目前,轿车和轻、中型货车变速器的传动比通常有 3 ~ 5 个前进挡和 1 个倒挡,在重型货车用的组合式变速器中,则有更多挡位。所谓变速器挡数是指其前进挡位数。

b. 无级式变速器的传动比在一定的数值范围内可按无限多级变化,常见的有电力式和液力式(动液式)两种。电力式无级变速器的变速传动部件为直流串激电动机,除在无轨电车上应用外,在超重型自卸车传动系统中也有广泛采用的趋势。动液式无级变速器的传动部件为液力变矩器。如图 2-3-2、图 2-3-3 所示为 CVT 的结构。

c. 综合式变速器是指由液力变矩器和齿轮式有级变速器组成的液力机械式变速器,其传动比可在最大值与最小值之间的几个间断的范围内做无级变化,目前应用较多。

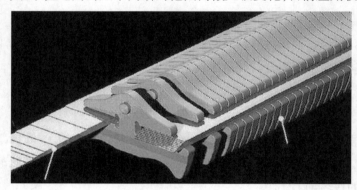

图 2-3-2　CVT 金属带

(3)变速器的组成

常见的变速器由壳体、传动机构、操纵机构三大部分组成。

传动机构的主要作用是改变转矩和转速的数值和方向;操纵机构的主要作用是控制传动机构,实现变速器传动比的变换,即实现换挡,以变速变矩。

1)壳体

壳体是基础件,用以安装支承变速器全部零件及存放润滑油,其上有安装轴承的精确孔。变速器承受变载荷,所以壳体应有足够的刚度,内壁有加强筋,形状复杂,多为铸件(材料为灰铸铁,常用 HT200)。

为便于安装,传动部分和操纵部分常做成剖分式,箱盖与壳体用螺栓连接并精确定位。壳体上有加油、放油口,油面检查尺口,还应考虑散热。

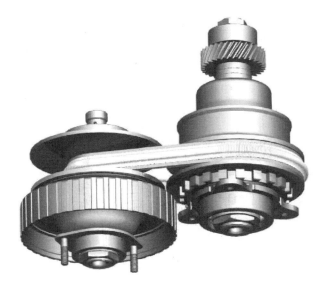

图 2-3-3　CVT 工作轮

图 2-3-4　变速器传动机构

2）传动机构

传动机构是指齿轮、轴、轴承等传动件。轴的几何尺寸通过强度、刚度计算确定。因主要决定于刚度，而碳钢与合金钢弹性模量近乎相等，所以一般用碳钢（常用 45 钢）。只有齿轮与轴制成一体或轴载荷严重时才用合金钢。轴与齿轮多为花键连接（对中性好，能可靠传递动力，挤压应力小等）。轴的花键部分和放轴承处经表面淬火处理。轴多用滚动轴承支承，润滑简单，效率高，径向间隙小，轴向定位应可靠。润滑方式多用飞溅（$v > 25$ m/s，只要黏度适宜，可甩到壁上），如图 2-3-4 所示。

（4）操纵机构

操纵机构的主要零件位于变速器盖内，如图 2-3-5 所示。

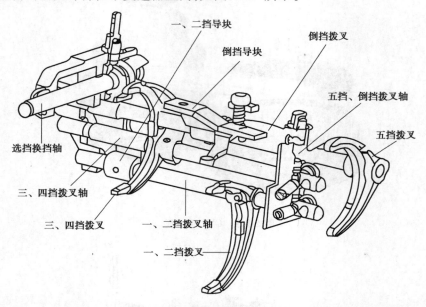

图 2-3-5　桑塔纳轿车变速器内部操纵机构

2.3.2　同步器

旧式变速器的换挡要采用"两脚离合"的方式，升挡在空挡位置停留片刻（但是离合器需要抬起来，目的是让离合器片和飞轮同步，转速必须一致才可顺利挂挡，如果换挡慢了，转速落到怠速，也是无法挂进去的），减挡要在空挡位置（同时保持离合器抬起）加速踏板，以减少齿轮的转速差。但这个操作比较复杂，难以掌握精确。因此设计师创造出"同步器"，通过同步器使将要啮合的齿轮达到一致的转速而顺利啮合，如图 2-3-6 所示。

（1）同步器的构造及作用

1）构造

同步器是利用摩擦原理实现同步的，现代汽车上广泛使用的是惯性式同步器，可以从结构上保证待啮合的接合套与接合齿轮的花键齿在达到同步之前不接触，避免齿间冲击和噪声。其结构主要由推动元件、摩擦元件、锁止元件和弹性元件组成。

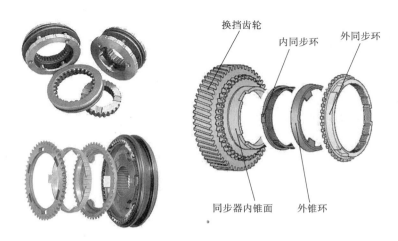

图 2-3-6　同步器结构示意图

2）作用

相邻挡位相互转换时,应该采取不同操作步骤的道理,同样适用于移动齿轮换挡的情况,只是前者的待接合齿圈与接合套的转动角速度要求一致,而后者的待接合齿轮啮合点的线速度要求一致,但所依据的速度分析原理是一样的。

变速器的换挡操作,尤其是从高挡向低挡的换挡操作比较复杂,而且很容易产生轮齿或花键齿间的冲击。为了简化操作,并避免齿间冲击,可以在换挡装置中设置同步器。

惯性式同步器是依靠摩擦作用实现同步的,在其上面设有专设机构保证接合套与待接合的花键齿圈在达到同步之前不可能接触,从而避免了齿间冲击。

（2）同步器的分类

1）常压式同步器

常压式同步器是一种早期开发的同步器。它的特点是结构简单,但其不能保证被啮合件在同步状态(即角速度相等)下也就是常压式同步器不能从根本上解决换挡时的啮合冲击问题,所以这种同步器目前已被淘汰。

2）惯性式同步器

惯性式同步器是依靠摩擦作用实现同步的,在其上面设有专设机构保证接合套与待接合的花键齿圈在达到同步之前不可能接触,从而避免了齿间冲击。由于惯性式同步器能够确保同步离合换挡,目前得到了广泛应用。

惯性同步器中又可分为锁环式(图 2-3-7、图 2-3-8)、锁销式(图 2-3-9、图 2-3-10)、多锥式等多种形式,它们虽然结构有所差别,但工作原理是一样的,都有摩擦元件、锁止元件和弹性元件。挂挡时,在轴向力作用下摩擦元件相靠,在惯性力矩作用下产生摩擦力矩,使被结合的两部分逐渐同步；锁止元件用于阻止同步器强行挂挡；弹性元件使啮合套等在空挡时保持中间位置，又不妨碍整个结合和分离过程。

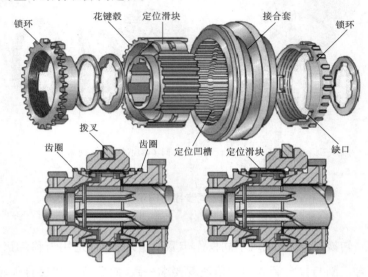

图 2-3-7　锁环式同步器

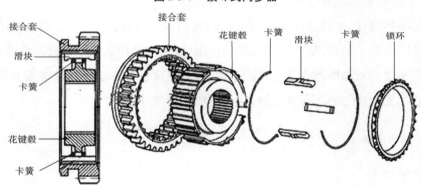

图 2-3-8　02KA 型变速器一、二挡锁环式同步器

图 2-3-9　锁销式同步器

3）惯性增力式同步器

惯性增力式同步器又称"波尔舍"（Porsche）同步器。由于这种同步器对材料、热处理及制造精度均要求较高，目前在国内采用较少。

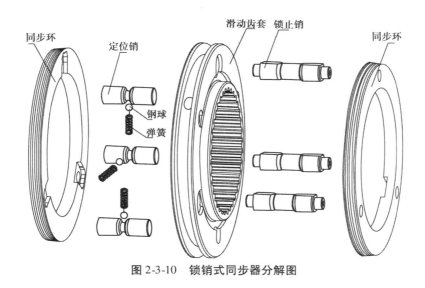

图 2-3-10　锁销式同步器分解图

（3）同步器的工作原理

全同步式变速器上采用的是惯性同步器，它主要由接合套、同步锁环等组成，它的特点是依靠摩擦作用实现同步。接合套、同步锁环和待接合齿轮的齿圈上均有倒角（锁止角），同步锁环的内锥面与待接合齿轮齿圈外锥面接触产生摩擦。锁止角与锥面在设计时已做了适当选择，锥面摩擦使得待啮合的齿套与齿圈迅速同步，同时又会产生一种锁止作用，防止齿轮在同步前进行啮合。当同步锁环内锥面与待接合齿轮齿圈外锥面接触后，在摩擦力矩的作用下齿轮转速迅速降低（或升高）到与同步锁环转速相等，两者同步旋转，齿轮相对于同步锁环的转速为零，因而惯性力矩也同时消失，这时在作用力的推动下，接合套不受阻碍地与同步锁环齿圈接合，并进一步与待接合齿轮的齿圈接合而完成换挡过程。

输出轴三挡齿轮 6 与输入轴三挡齿轮 2 的齿数之比（z_6/z_2）大于输出轴四挡齿轮 5 与输入轴四挡齿轮 4 的齿数之比（z_5/z_4）。由相互啮合传动齿轮的转速与齿数关系（$n_2/n_6 = z_6/z_2$，$n_4/n_5 = z_5/z_4$），可以得出齿轮 2 与齿轮 6 转速之比（n_2/n_6）大于输入轴四挡齿轮 4 与输出轴四挡齿轮 5 转速之比（n_4/n_5）的结论。而输出轴三挡齿轮 6 与齿轮 5 的转速又是一样的（$n_6 = n_5$），所以在传动过程中，齿轮 2 转速永远比齿轮 4 转速高，即 $n_2 > n_4$。当变速器从低速挡（三挡）换入高速挡（四挡）时，首先要踩离合器踏板，使离合器分离，接着通过变速杆等将接合套 3 右移，进入空挡位置。在接合套 3 与齿轮 2 刚分离这一时刻，两者转速还是相等的，即 $n_3 = n_2$。而 $n_2 > n_4$，由此可以得出 $n_3 > n_4$，即接合套 3 的转速大于齿轮 4 转速的结论。这时如果立即把接合套 3 推向齿轮 4 上接合齿圈，就会发生打齿现象。

此时，由于变速器处于空挡，接合套和齿轮之间没有联系，离合器从动盘与发动机脱离，所以接合套与齿轮的转速都在分别逐渐降低。因为齿轮与齿轮、输出轴、万向传动装置、驱动桥、行驶系以及整个汽车联系在一起,惯性很大,所以 n_4 下降较慢;而接合套只与输入轴和离合器从动盘相联系,惯性很小,故 n_3 下降较快。因为 n_3 原先大于 n_4,n_3 下降得又比 n_4 快,所以过一会儿后,必然会有 $n_3 = n_4$(同步)的情况出现。最好能在 $n_3 = n_4$ 的时刻使接合套右移而挂入四挡。与接合套联系的一系列零件的惯性越小,则 n_3 下降得越快,达到同步所需时间越少,并且在同样速度差的情况下,齿间的冲击力也小,因此离合器从动部分转动惯量应尽可能小一些。

2.3.3　手动变速器

(1)构造

手动变速器(Manual Transmission,MT),就是必须通过用手拨动变速器杆,才能改变传动比的变速器。手动变速器主要由壳体、传动组件(输入输出轴、齿轮、同步器等)、操纵组件(换挡拉杆、拨叉等),如图2-3-11所示。

图 2-3-11　手动变速器结构

(2)工作原理

手动变速器的工作原理,就是通过拨动变速杆,切换中间轴上的主动齿轮,通过大小不同的齿轮组合与动力输出轴结合,从而改变驱动轮的转矩和转速。图2-3-12所示为手动变速器(二挡)的构造图。

发动机的动力输入轴是通过一根中间轴,间接与动力输出轴连接的。中间轴的两个齿轮与动力输出轴上的两个齿轮是随着发动机输出一起转动的。但是如果没有同步器的接合,两个齿轮只能在动力输出轴上空转(即不会带动输出轴转动)。图中同步器位于中间状态,相当

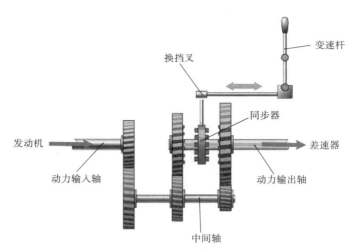

图 2-3-12　手动变速器(二挡)的构造示意图

于变速器挂了空挡。

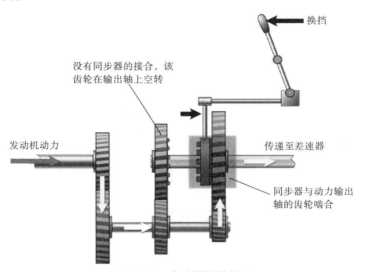

图 2-3-13　变速器换挡原理

当变速杆向左移动,使同步器向右移动与齿轮接合,发动机动力通过中间轴的齿轮,将动力传递给动力输出轴,如图 2-3-13 所示。

一般的手动变速器都有好几个挡位,如图 2-3-14 所示为五挡手动变速器,可以理解为在原来的基础上添加了几组齿轮,其实原理都是一样的。如当挂上一挡时,实际上是将(一、二挡同步器)向左移动使同步器与一挡从动齿轮(图中①)接合,将动力传递到输出轴。可以发现,R 挡(倒车挡)的主动齿轮和从动齿轮中夹了一个中间齿轮,就是通过这个齿轮实现汽车的倒退行驶。

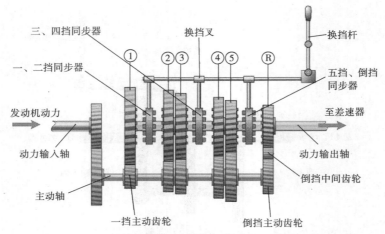

图 2-3-14　五挡手动变速器结构示意图

2.3.4　手动变速器操纵机构

（1）功用

变速器操纵机构的功用是保证驾驶员根据使用条件，准确、可靠地使变速器挂入所需的挡位工作，并可随时使之退入空挡，从而改变变速器的工作状态。

（2）变速器操纵机构的类型

1）直接操纵式机构

一般前置发动机后轮驱动汽车的变速器距离驾驶员座位较近，换挡杆等外操纵机构多集中安装在变速器箱盖上，结构简单操纵容易并且准确，如图 2-3-15 所示。

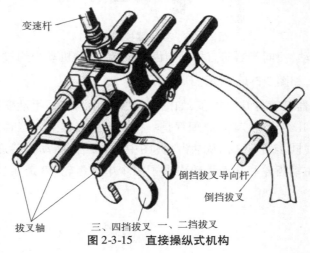

图 2-3-15　直接操纵式机构

2）远距离操纵式机构

在发动机后置或前轮驱动的汽车上,通常汽车变速器距离驾驶员座位较远,变速杆和变速器之间通常需要用连杆机构联结,进行远距离操纵,如图 2-3-16 所示。

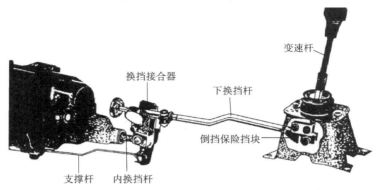

图 2-3-16　远距离操纵式机构

（3）变速器操纵机构的结构

1）选挡和换挡机构

组成:变速杆、拨块、拨叉轴和拨叉等,如图 2-3-17 所示。

作用:完成换挡的基本动作。

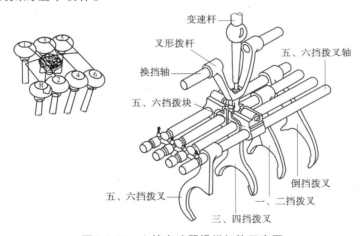

图 2-3-17　六挡变速器操纵机构示意图

2）操纵机构的安全装置

为了保证变速器的可靠工作,变速器操纵机构应能满足以下要求:

①挂挡后应保证结合套与结合齿圈的全部套合（或滑动齿轮换挡时,全齿长都进入啮合）。在震动等条件的影响下,操纵机构应保证变速器不自行挂挡或自行脱挡。为此,在操纵机构中应设有自锁装置。

②为了防止同时挂上 2 个挡而使变速器卡死或损坏,在操纵机构中应设有互锁装置。

③为了防止在汽车前进时误挂倒挡,导致零件损坏,在操纵机构中应设有倒挡锁装置。

3)内部操纵机构

组成:选挡换挡轴、拨叉轴、拨叉、自锁装置、互锁装置和倒挡锁装置等。

①自锁装置。

组成:自锁钢球和自锁弹簧,如图 2-3-18 所示。

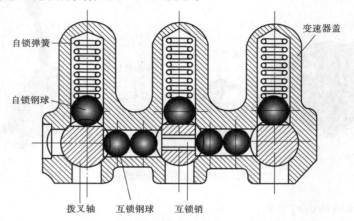

图 2-3-18　E 形汽车变速器自锁装置

作用:保证换挡到位,防止自动脱挡。

②互锁装置

组成:互锁销和互锁钢球,如图 2-3-19 所示。

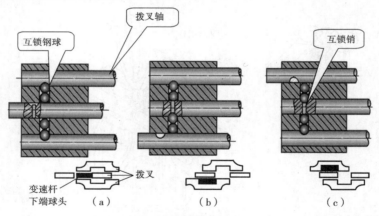

图 2-3-19　汽车变速器的互锁装置

作用:防止同时挂入两挡。

③倒挡锁装置。

组成:倒挡锁和倒挡锁弹簧,如图 2-3-20、图 2-3-21 所示。

作用:防止误挂倒挡。

(4)操纵机构要求

①无论是用滑动齿轮或接合套换挡,挂挡后要求实现在全齿长上啮合。在振动或汽车倾

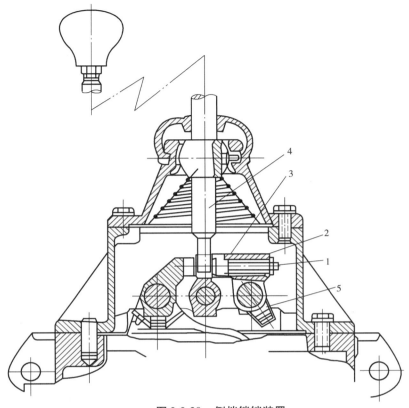

图 2-3-20　倒挡锁销装置

1—倒挡锁销;2—倒挡锁弹簧;3—倒挡拨块;4—变速杆;5—倒挡、一挡轴

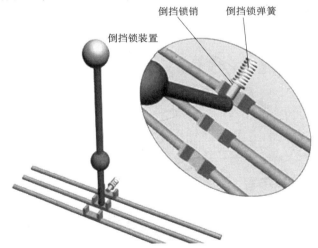

图 2-3-21　倒挡锁局部图

斜等条件影响下要保证不自行脱挡或挂挡。为此应该设置自锁装置。

②为防止同时挂入两个挡位,操纵机构应设互锁装置。

③为防止误挂倒挡而引发交通事故,操纵机构应设倒挡锁装置。

2.3.5 手动变速器及操纵机构的拆装与检修

（1）变速器总成的分解

变速器总成的分解图如图 2-3-22、图 2-3-23 所示。

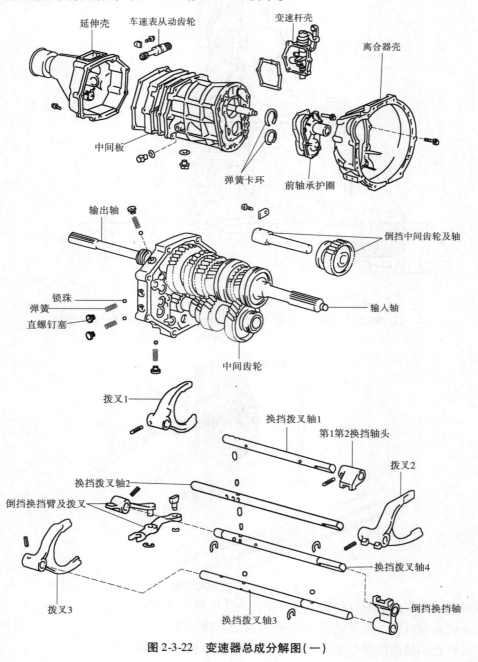

图 2-3-22 变速器总成分解图（一）

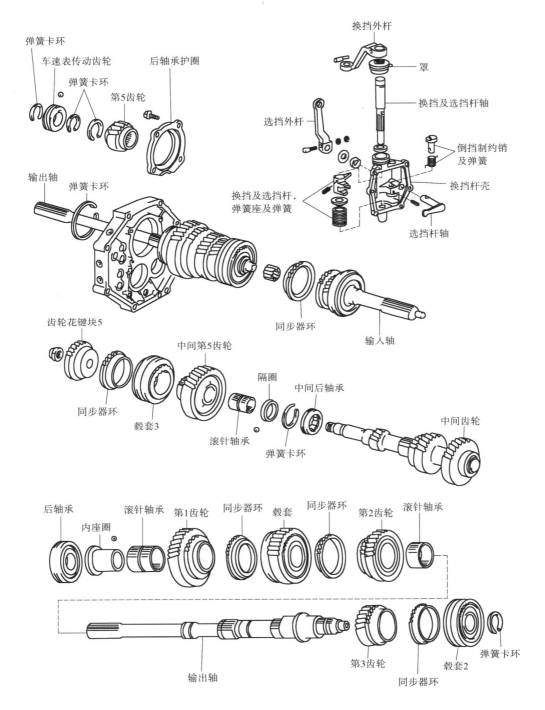

图 2-3-23　变速器总成分解图(二)

①把变速器放在修理台或修理架上,放出变速器机油。

②将变速器后盖拆下,取出调整垫片和密封圈。

③小心地将第三、四挡换挡滑杆向三挡方向拉至小的挡块取出,将换挡杆重新推至空挡

位置(注意:换挡滑杆不能拉出太远,否则同步器内的挡块会弹出来,换挡滑杆不能回到空挡位置)。

④倒挡和一挡齿轮同时啮合,锁住轴,旋下主动锥齿轮螺母。

⑤用工具顶住输入轴的中心,取下输入轴的挡圈和垫片。

⑥用拉器拉出输入轴的向心轴承。

⑦若没有专用工具,先旋出壳体和后盖的连接螺栓,用塑料槌(或木槌)敲击输入轴的前端和后壳体,直至后盖和后壳体结合处出现松动。

⑧变速器壳体固定在台钳上,钳口应有较软的金属保持垫片,以防夹坏机件。

⑨取出第三、四换挡拨叉的夹紧套筒,将第三、四换挡杆往回拉,直至可以将第三、四换挡杆拨叉取出为止。

⑩将换挡拨叉重新放在空挡位置,取出输入轴。

⑪压出倒挡齿轮轴,并取出倒挡齿轮。

⑫用小冲头冲出一、二挡换挡拨块上的弹性销,并取出弹性夹片。

⑬用工具拉出输出轴总成(注意:在拉出输出轴总成的同时,应注意一、二挡拨叉轴的间隙,以防卡住)。

(2)变速器输入轴总成的分解与组装

1)输入轴总成的分解

拆下挡圈,取下四挡齿轮,用压床压出三、四挡同步器齿毂。

2)输入轴总成的组装

①组装好三挡齿轮和轴承,压入三、四挡毂齿套,齿毂内花键的倒角朝向三挡齿轮的方向。

②压入一、二挡齿毂渣套,齿毂和齿套安装时,槽应该对着一挡齿轮。

③安装滑块弹簧时,其开口错开120°,弹簧弯曲端需固定在滑块内。

(3)变速器输出轴总成的分解与组装

1)输出轴总成的分解

先压出一挡齿轮和轴承,压出二挡齿轮和同步器总成,压出三挡齿轮和四挡齿轮(注意:压出前应拆下各轴向挡圈)。

2)输出轴总成的组装

①压入四挡齿轮时,齿轮的凸肩应朝向轴承。

②四挡齿轮的挡圈与挡圈槽的间隙应尽最小些,可通过选择厚度合适的挡圈来达到。

③将三挡齿轮通过加热板加热至120°后压入,凸肩朝向四挡齿轮。

④同步器的组装。一挡同步环有3个位置缺齿,这种同步环只能用于一挡,更换时,也可以使用不缺齿的,备件号为014311295D。组装一、二挡同步器时,齿毂上有槽的一面朝向一挡,即朝向齿套拨叉环这一侧。

⑤将一、二挡同步器总成压入轴上,齿毂有槽的一面朝向一挡齿轮(即朝后)。然后再装入一挡齿轮中的滚针轴承,套上一挡齿轮后,最后压入双列滚锥轴承。

⑥如果要更换输出轴前后轴承,那么应从变速器前后壳体中分别压出和压入轴承外座圈,应当平整地压入。

(4)变速器的装配

1)变速器变速传动机构的组装(组装时按分解的逆顺序进行)

①压入输出轴总成。压入输出轴总成时,要将换挡杆与第一、二挡换挡拨叉和输出轴总成一起装入后壳体,然后再压入后轴承。压入时,请注意第一、二挡换挡滑杆的活动间隙,必要时,轻轻敲击以免卡住。

②安装一、二挡拨块,压入弹性销,安装倒挡齿轮,压入轴。

③安装输入轴时,要拉回二、四挡拨叉能够装入滑动齿套为止,同时应位于空挡位置,并用弹性销固定好拨叉。

④放好新的密封环,将输入轴和输出轴及后壳体一起与壳体用M8×45的螺栓来连接。紧固力矩为25 N·m。

⑤使用支撑桥将输入轴支撑住。

⑥压入输入轴的向心轴承或组合式轴承。向心轴承保持架密封面对着后壳体,而组合式轴承的滚柱对着后壳体。

⑦安装。三、四挡拨叉轴上的小止动块,拧紧输出轴螺母力矩为100 N·m。将换挡叉轴置于空挡位置(注意:变速器不能拉出太远,否则同步器内的止动块可能弹出来。变速滑杆可能不能再压回到空挡位置。这种情况下须重新拆卸变速器,将3个锁块压到同步器齿套内并推入滑动套筒)。

⑧安装差速器。

2)变速器后盖的安装

①由于输出轴本身是主减速器的主动齿轮,因此后盖上的垫片要合理选择。

②安装壳体后盖。将所选用的垫片放入后盖,将异形弹簧放到内选挡杆上,将异形弹簧压紧后与内选挡杆一起向内推,直到弹簧的另一端弯头支撑在后盖和调整垫片上为止。再按顺时针方向旋转内选挡杆,直至异形弹簧滑进正确位置为止。

③以 25 N·m 力矩拧紧螺钉。

（5）手动变速器的检修

变速器壳体的主要损伤为壳体的变形和裂纹,定位销孔、轴承孔、螺纹孔磨损等。变速器壳体的检查:壳体两平面度误差不超过 0.1 mm。

1）变速器壳体的裂纹

对受力不大的部位的裂纹,可用环氧树脂黏结修复;重要和受力较大部位的裂纹,可进行焊修。对与轴承承孔贯通的和安装固定孔处裂纹不能修理,应更换变速器壳体。

2）变速器壳体的变形

变速器壳体是保证齿轮传动副精度的基础件。齿轮副的传动精度包括传递运动的准确性、传动的平稳性、载荷分布的均匀性和啮合侧隙等。变速器齿轮副能否可靠地传动,一方面取决于齿轮的制造精度,另外还与变速器壳体的品质有关。变速器壳体各轴的平行度和轴心距的准确性,决定齿轮副载荷的均匀性和啮合间隙。变速器壳体的变形,使得各轴轴线间的平行度误差、轴心距改变,导致齿轮副啮合精度破坏。轮齿表面的阶梯形磨损不但传动噪声加大,也会形成轴向力,当齿面上有冲击载荷时,就会形成变速器早期自动脱挡的故障。在汽车大修时,往往忽视变速器壳体的整形修复,以致不得不采用先换齿轮、再换轴、最后换壳的三步更换法,造成修理周期长、返工多、修理成本高的恶性循环。

变速器壳体的变形检查,对于三轴式变速器要用专用量具检查以下项目:

a. 上下两孔轴线间的距离;

b. 上下两孔轴线的平行度;

c. 上孔轴线与上平面间的距离;

d. 前后两端面的平面度。

二轴式变速器壳体由前、后两部分组成,其变形主要是检查输入轴与输出轴的平行度及前后壳体接合面的平面度。

变速器壳体承孔磨损超限时,可在单柱立式镗床上,用专用夹具定位导向镗削各承孔,以修正各轴线间的平行度。扩孔后再镶套,镶套的承孔一般应加大 3～4 mm;如镶套无法修复,应予以更换。

3）壳体螺孔损伤

壳体上所有连接螺孔的螺纹损伤不得多于 2 牙。螺纹孔的损伤可用换加粗螺栓或焊补后重新钻孔加工的方法修复。

4）变速器盖的检修

变速器盖应无裂纹,与变速器壳体结合平面的平面度公差为 0.10～0.15 mm,拨叉轴与承孔的间隙为 0.04 ~ 0.20 mm。

5）齿轮与花键的检修

①齿轮的啮合面上出现明显的疲劳麻点、麻面、斑疤或阶梯形磨损时，必须更换。齿面仅有轻微斑点或边缘略有破损时，可用油石修磨后继续使用。

②固定齿轮或相配合的滑动齿轮的端面损伤不得超过齿长的 15%。

③齿轮齿面的啮合面中线应在齿高的中部，接触面积不得小于工作面的 60%。

④齿轮与齿轮、齿轮与轴及花键的啮合间隙、径向间隙和轴向间隙应符合原厂规定。

6）变速器轴的损坏现象

裂缝、弯曲、前端轴颈磨损、装滚针轴承的轴颈磨损与齿轮配合的键槽磨损、装凸缘的键槽磨损等。

7）同步器的检修

目前多数变速器采用锁环式或锁销式惯性同步器。

①锁环式惯性同步器的检修。锁环式惯性同步器零件的主要耗损是锁环内锥面螺纹槽磨损及滑块磨损。锁环与滑块的磨损都会破坏换挡过程的同步作用，使换挡时发出机械撞击噪声。此外，滑块支撑弹簧断裂弹力不足，使锁环失去自动对中性能；接合时会发生噪声，换挡过程延缓。

锁环的检验如图 2-3-24 所示。图中所示的间隙 e 与锁环内锥面螺纹的磨损程度有关。该间隙的标准值，解放 CA1091 型变速器为 1.2 ~ 1.8 mm。锁环内锥面的磨损使该间隙变小，当此间隙小于 0.3 mm 时应更换同步器。

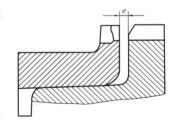

同步器滑块顶部凸起磨损出现沟槽，会使同步作用减弱。因此，当滑块顶部磨出沟槽时，必须更换。

图 2-3-24　锁环的检验图

锁环的接合齿端磨秃，使锁环力矩减弱或消失，亦会导致换挡困难。

②锁销式惯性同步器的检修。锁销式惯性同步器零件的主要耗损是由于换挡操作不当、冲击过猛使锥盘外张，摩擦角变大造成同步效能降低；锥环锥面上的螺纹槽的磨损严重，使摩擦系数过低，甚至两者端面接触，使同步作用失效。铝制锥环外锥面上的螺纹槽深为 0.4 mm（东风 EQ1090 型汽车），如因螺纹磨损，锥环端面与锥盘面接触，可用车削锥环端面修复，但车削总量不得大于 1 mm。如有锥环外锥面螺纹槽的深度小于 0.1 mm，而锥环端面未与锥盘接触，应更换同步器总成。更换新总成时，可保留原有的锥盘，但两者的端面间隙不得小于 3 mm。

（6）主要技术要求及注意事项

①拆装时，应注意安全。

②正确使用工具，严格遵照拆装顺序。

③装配时各轴应在空挡位置。

④装配输入轴、输出轴、主减速齿轮轴及主减速器时，注意轴承预紧力。

⑤在装入变速器壳时，注意接触面密封情况。

⑥装配好变速器操纵机构后，操纵应轻便灵活，锁止机构能起作用。

2.3.6 手动变速器的常见故障

手动变速器的常见故障主要有跳挡、乱挡、挂挡困难、异响等。其故障现象、原因、排除方法如下。

（1）跳挡

1）故障现象

汽车在加速减速爬坡或汽车剧烈振动时，变速杆自动跳回空挡位置。

2）故障原因

①自锁装置的钢球未进入凹槽内或挂挡后齿轮未达到全齿长啮合。

②自锁装置的钢球或凹槽磨损严重，自锁弹簧疲劳过软或折断。

③齿轮沿齿长方向磨损成锥形。

④一、二轴轴承过于松旷，使一、二轴和曲轴三者轴线不同心或变速器壳与离合器壳接合平面相对曲轴轴线的垂直变动。

⑤二轴上的常啮合齿轮轴向或径向间隙过大。

⑥各轴轴向或径向间隙过大。

引起变速器轴轴向或径向间隙过大的原因主要有：

a. 由于变速齿轮、齿套或同步器锥盘轮齿磨损过量，沿齿长方向形成锥形，啮合时便产生一个轴向推力，在工作中又受振抖、转速变化的惯性影响，迫使啮合的齿轮沿轴向脱开；

b. 变速又弯曲变形，磨损过甚、固定螺钉松动或变速杆变形等，使齿轮不能正常啮合；

c. 自锁装置磨损松旷，弹簧弹力不足或折断，造成锁止力量不足，使变速叉轴不能可靠地定位；

d. 齿轮或齿套磨损过甚，沿齿长方向磨成锥形；

e. 和轴承磨损严重,轴向间隙过大,或第一、二轴与中间轴不平行,使齿轮不能正常啮合而上下摆动所引起跳挡;

f. 轴的花键齿与滑动齿轮花键槽磨损过甚;

g. 第二轴花键扭曲变形或键齿磨损过度,锁紧螺母松脱引起轴或齿轮的前后窜动;

h. 同步器锁销松动,同步器散架或接合齿长度方向已磨损严重;

i. 变速器固定不牢固。

3）故障诊断与排除方法

①在发现某挡跳指时,仍将变速杆换入该挡,然后拆下变速器盖查看齿轮啮合情况,如啮合良好,应检查变速叉轴锁住机构。

②用手推动跳挡的变速叉试验定位装置,如定位不良,需拆下变速叉轴检验定位球及弹簧,如弹簧过软或折断应更换。若变速叉轴凹槽磨损过甚,应修理或更换。

③检查齿轮的啮合情况,如齿轮未完全啮合,用手推动跳挡的齿轮或齿套,能正确啮合,应检查变速叉是否弯曲或磨损过甚,以及变速叉固定螺钉是否松动,叉端与齿轮投槽间隙是否过大。若变速叉弯曲应校正;如因变速叉下端磨损与滑动齿轮槽过度松旷时应拆下修理。

④如变速机构良好,而齿轮或齿套能正确啮合,则应检查齿轮是否磨损成锥形,如磨损严重应更换。

⑤检查轴承和轴的磨损情况,如轴磨损严重,轴承松旷或变速轴沿轴向窜动时,应拆下修理或更换。

⑥检查同步器工作情况,如有故障应修理或更换。

⑦检查变速器固定螺栓,如松动应紧固。

（2）乱挡

1）故障现象

在离合器技术状况正常的情况下,变速器同时挂上两个挡或挂需要挡位时挂入其他挡位。

2）故障原因

①互锁装置失效,如拨叉轴、互锁销或互锁钢球磨损过甚等。

②变速杆下端弧形工作面磨损过大或拨叉轴上拨块的凹槽磨损过大。

③变速杆球头定位销折断或球孔球头磨损过于松旷。

总之,乱挡的主要原因是变速器操纵机构失效。

3）故障诊断与排除方法

①挂需要挡位时,结果挂入其他挡位:摇动变速杆,检查其摆转角度,若超出正常范围,则

故障由变速杆下端球头定位销与定位槽配合松旷或球头、球孔磨损过大引起。变速杆摆转360°，则为定位销折断。

②如摆转角度正常，仍挂不上或摘不下挡，则故障由变速杆下端从凹槽中脱出引起（脱出的原因是下端弧形工作面磨损或导槽磨损）。

③同时挂入两个挡，故障由互锁装置失效引起。

（3）挂挡困难

1）故障现象

离合器技术状况良好，但挂挡时不能顺利挂入挡位，常发生齿轮撞击声。

2）故障原因

①同步器故障。

②拨叉轴弯曲、锁紧弹簧过硬、钢球损伤等。

③一轴花键损伤或一轴弯曲。

④齿轮油不足或过量、齿轮油不符合规格。

3）故障诊断与排除方法

①检查同步器是否散架、锥环内锥面螺旋槽是否磨损滑块是否磨损、弹簧弹力是否过软等。

②如果同步器正常，检查一轴是否弯曲、花键是否磨损严重。

③检查拨叉轴是否移动正常。

（4）变速器异响

1）故障现象

变速器异响是指变速器工作时发出的不正常的响声。

2）故障原因

①齿轮异响。齿轮磨损过甚变薄，间隙过大，运转中有冲击；齿面啮合不良，如修理时没有成对更换齿轮。新、旧齿轮搭配，齿轮不能正确啮合；齿面有金属疲劳剥落或个别齿损坏折断；齿轮与轴上的花键配合松旷，或齿轮的轴向间隙过大；轴弯曲或轴承松旷引起齿轮啮合间隙改变。

②轴承响。轴承磨损严重；轴承内（外）座圈与轴颈（孔）配合松动；轴承滚珠碎裂导致内部发响。

③其他原因发响。如变速器内缺油，润滑油过稀、过稠或质量变坏；变速器内掉入不名物；某些紧固螺栓松动；里程表软轴或里程表齿轮发响等。

3）故障诊断与排除方法

①变速器发出金属干摩擦声，即为缺油或油的质量不好。应加油或检查油的质量，必要时应更换。

②行驶时换入某挡若响声明显，即为该挡齿轮轮齿磨损；若发生周期性的响声，则为个别齿损坏。

③空挡时响，而踏下离合器踏板后响声消失，一般为一轴前、后轴承或常啮合齿轮响，如换入任何挡都响，多为二轴后轴承响。

④变速器工作时发生突然撞击声，多为轮齿断裂，应及时拆下变速器盖检查，以防机件损坏。

⑤行驶时，变速器只有在换入某挡时齿轮发响，在上述完好的前提下，应检查啮合齿轮是否搭配不当，必要时应重新装配一对新齿轮。此外，也可能是同步器齿轮磨损或损坏，应视情况修复或更换。

⑥换挡时齿轮相撞击而发响，则可能是离合器不能分离或离合器踏板行程不正确、同步器损坏、急速过大、变速杆调整不当或导向衬套紧等。遇到这种情况，先检查离合器能否分离，再分别调整急速或变速杆位置，检查导向衬套与分离轴承配合的松紧度。

⑦如经上述检查排除后，变速器仍发响，应检查各轴轴承与轴孔配合情况轴承本身的技术状态等；如完好，再查看里程表软轴及齿轮是否发响，必要时予以修理或更换。

（5）变速器漏油

1）故障现象

变速器周围出现齿轮润滑油，变速器齿轮箱内的油量减少，则可判断为润滑油泄漏。

2）故障原因及排除方法

①润滑油选用不当，产生过多泡沫，或润滑油量太多。此时需更换润滑油或调节润滑油。

②侧盖太松，密封垫损坏，油封损坏，密封和油封损坏。应更换新件。

③放油塞和变速器箱体及盖的固定螺栓松动。应按规定力矩拧紧。

④变速器壳体破裂或延伸壳油封磨损而引起的漏油。必须更换。

⑤里程表齿轮限位器松脱破损。必须锁紧或更换。

⑥变速杆油封漏油。应更换油封。

课题2.4　万向传动装置

　　万向传动装置的作用是连接不在同一直线上的变速器输出轴和主减速器输入轴,并保证在两轴之间的夹角和距离经常变化的情况下,仍能可靠地传递动力。

　　它主要由万向节传动轴和中间支承组成。安装时必须使传动轴两端的万向节叉处于同一平面,如图2-4-1所示。

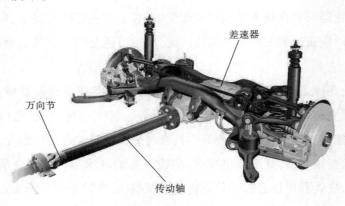

差速器

万向节

传动轴

图2-4-1　传动轴万向节位置示意图

2.4.1　万向传动装置功用及组成

(1)功用

万向传动装置在汽车上的应用主要有以下几个方面:

　　①变速器(或分动器)与驱动桥之间:一般汽车的变速器、离合器与发动机三者合为一体装在车架上,驱动桥通过悬架与车架相连。在负荷变化及汽车在不平路面行驶时引起的跳动,会使驱动桥输入轴与变速器输出轴之间的夹角和距离发生变化,须装万向传动装置,如图2-4-2所示。

　　②越野汽车变速器与分动器之间:为消除车架变形及制造、装配误差等引起的其轴线同轴度误差对动力传递的影响,须装有万向传动装置,如图2-4-3所示。

　　③汽车转向驱动桥的半轴是分段的:转向时两段半轴轴线相交角变化,因此要用万向节,

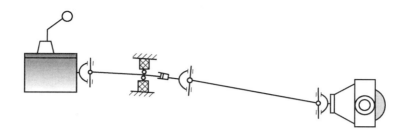

图 2-4-2　交速器与驱动桥之间的万向传动装置

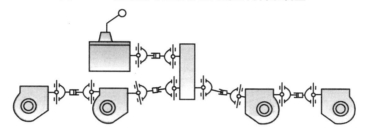

图 2-4-3　变速器与分动器、分动器与驱动桥之间的万向传动装置

如图 2-4-4 所示。

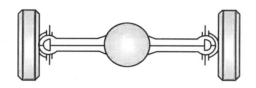

图 2-4-4　转向驱动桥内、外半轴之间的万向传动装置

④断开式驱动桥的半轴:主减速器壳在车架上是固定的,桥壳上下摆动,半轴是分段的,须用万向节,如图 2-4-5 所示。

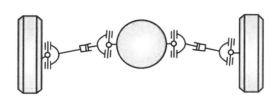

图 2-4-5　断开式驱动桥半轴之间的万向传动装置

⑤某些汽车的转向轴装有万向传动装置,有利于转向机构的总体布置,如图 2-5-6 所示。

如图 2-4-7 所示,位于变速器与驱动桥之间的万向传动装置是在汽车中最常见的应用。由于汽车布置、设计等原因,变速器输出轴和驱动桥输入轴不可能在同一轴线上,并且变速器虽然是安装在车架(车身)上,可以认为位置是不动的,但驱动桥会由于悬架的变形而引起其位置经常发生变化,所以在变速器和驱动桥之间装有万向传动装置正好可以满足这些使用,

图 2-4-6　转向机构的转向轴和转向器之间的万向传动装置

设计的要求。

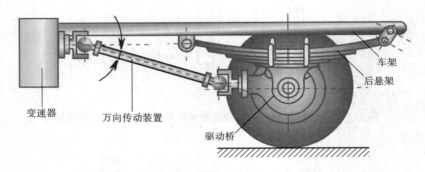

图 2-4-7　变速器与驱动桥之间的万向传动装置

（2）组成

一般由万向节、传动轴和中间支承组成，如图 2-4-8 所示。

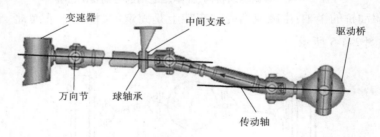

图 2-4-8　万向传动装置组成

汽车行驶过程中，变速器与驱动桥的相对位置经常变化，为避免运动干沙，传动轴用由滑动叉和花键轴组成的滑动花键连接，以适应传动轴长度的变化。为减少磨损，还装有用以加注滑脂的油杯、油封、堵盖和防尘套。

2.4.2　万向节

在汽车上使用的万向节可以从不同的角度分类。按其刚度大小，可分为刚性万向节和柔性万向节。刚性万向节按其速度特性分为不等速万向节(常用的为十字轴式)、准等速万向节(双联式和三销轴式)和等速万向节(球叉式和球笼式)。目前在汽车上应用较多的是十字轴式刚性万向节和等速万向节。十字轴式刚性万向节主要用于发动机前置后轮驱动的变速器与驱动桥之间,等速万向节主要用于发动机前置前轮驱动的内、外半轴之间。

(1)十字轴式刚性万向节

1)十字轴刚性万向节组成及结构

如图 2-4-9 所示,十字轴万向节的构造由轴承、卡环、十字轴、传动轴叉和万向节叉等组成。

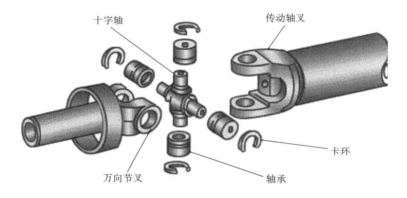

图 2-4-9　十字轴万向节的构造

十字轴式刚性万向节,如图 2-4-10 所示,它允许相邻两轴的最大交角为 15°~20°。

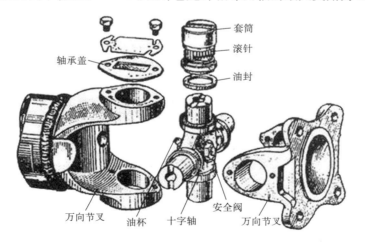

图 2-4-10　十字轴式刚性万向节

　　万向节叉上的孔分别套在十字轴的 4 个轴颈上。在十字轴轴颈与万向节叉孔之间装有滚针和套筒,用带有锁片的螺栓和轴承盖来使之轴向定位。

　　万向节轴承的常见定位方式,除了用盖板定位外,还有用内、外弹性卡环进行定位。为了润滑轴承,十字轴内钻有油道,且与油杯、安全阀相通,如图 2-4-11 所示。为避免润滑油流出及尘垢进入轴承,十字轴轴颈的内端套装着油封。安全阀的作用是当十字轴内腔润滑脂压力超过允许值时,阀打开润滑脂外溢,使油封不会因油压过高而损坏。现代汽车多采用橡胶油封,多余的润滑油从油封内圈表面与十字轴轴颈接触处溢出,故无须安装安全阀。

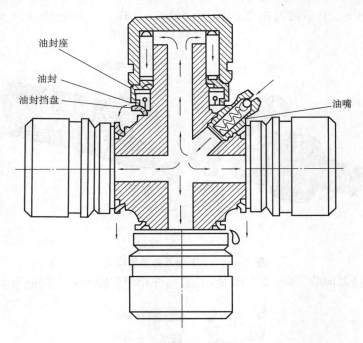

油封座
油封
油封挡盘
油嘴

图 2-4-11　润滑油道及密封装置

　　2)拆装、检修

　　①拆卸

　　打开锁片的锁爪,拆下轴承盖固定螺栓,取下锁片和轴承盖。用手推出轴承套筒及滚针。对于较紧的轴承,可用手握住传动轴或伸缩套,用锤子敲击万向节叉,使十字轴撞击轴承套筒,震出滚针。

　　②装配

　　按与拆卸相反的顺序进行。

　　③检修

　　万向节分解完成后,需要用汽油清洗各零件,以便暴露出零件的损伤、磨损情况,而且应按以下要求检查和修复。

a.检查滚针轴承,如果滚针断裂、油封失效,应更换新件。

b.检查十字轴轴颈磨损、压痕剥落等情况。十字轴轴颈轻微磨损、轻微压痕或剥落,仍可继续使用,如果轴颈磨损过甚、严重压痕(深度超过0.1 mm)或严重剥落时,应予以更换。

c.检查万向节叉不得有裂纹或其他严重损伤,否则更换新件。

d.万向节装配完毕后,可用手扳动十字轴进行检验,以转动自如没有松旷感觉为合适。若装配过紧或过松,应查明原因,必要时应拆检及重新装配。

3)十字轴式刚性万向节的速度特性

单个十字轴式刚性万向节在主动轴和从动轴之间有夹角的情况下,当主动叉等角速转动时,从动叉是不等角速的,则称为十字轴式刚性万向节的不等速特性。且两转轴之间的夹角 α 越大,不等速性就越大,如图2-4-12所示。十字轴式刚性万向节的不等速特性,将使从动轴及其相连的传动部件产生扭转振动,从而产生附加的交变载荷,影响部件寿命。所以可以采用图2-4-13所示的双十字轴刚性万向节的传动方式,第一万向节的不等速特性可以被第二万向节的不等速特性所抵消,从而实现两轴间的等角速传动。具体条件是:

①第一万向节两轴间夹角 α_1 与第二万向节两轴间夹角 α_2 相等。

②第一万向节的从动叉与第二万向节的主动叉处于同一平面。由于悬架的振动,不可能在任何时候都保证 $\alpha_1 = \alpha_2$,因此这种双十字轴刚性万向节的传动只能近似地解决等速传动问题,且由于两轴夹角最大只能是20°,因此使用上受到限制。

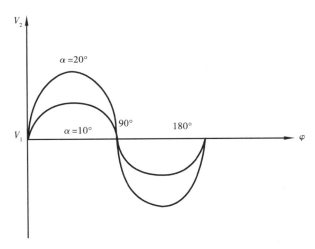

图 2-4-12　十字轴式刚性万向节的不等速特性

(2)等速万向节

等速万向节的基本原理是传力点永远位于两轴交点的平分面上。如图2-4-14所示为等速万向节的工作原理图。一对大小相等锥齿轮的接触点 P 位于两齿轮轴线交角的平分面上,

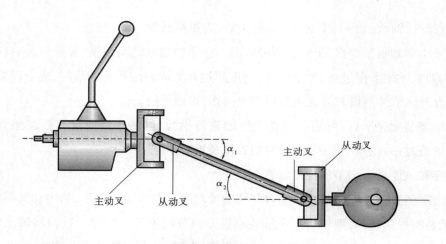

图 2-4-13　双十字轴刚性万向节等速传动布置图

由 P 点到两轴的垂直距离都等于 r。P 点处两齿轮的圆周速度相等,两齿轮的角速度也相等。可见,若万向节的传力点在其交角变化时,始终位于两轴夹角的平分线上,就能保证等速传动。

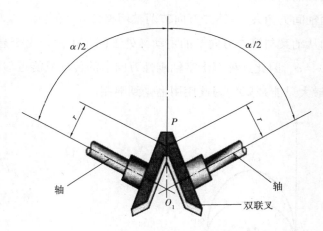

图 2-4-14　等速万向节的工作原理

等速万向节的常见结构形式有球笼式和球叉式。

1)球笼式等速万向节

①结构

如图 2-4-15 所示,球笼式万向节由 6 个钢球、星形套、球形壳和保持架等组成。万向节星形套与主动轴用花键固接在一起,星形套外表面有 6 条弧形凹槽滚道,球形壳的内表面有相应的 6 条凹槽,6 个钢球分别装在各条凹槽中,由球笼使其保持在同一平面内。动力传递:主动轴→钢球→球形壳。

球笼式万向节工作时 6 个钢球都参与传力,故承载能力强、磨损小、寿命长。它被广泛应用于各种型号的转向驱动桥和独立悬架的驱动桥,如图 2-4-16 所示。

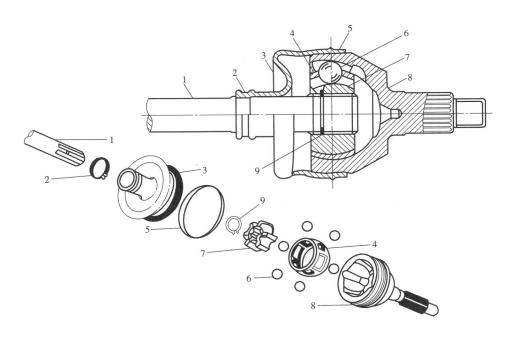

图 2-4-15　球笼式万向节

1—主动轴;2,5—钢带箍;3—外罩;4—保持架(球笼);6—钢球;

7—星形套(内滚道);8—球形壳(外滚道);9—弹性挡圈

图 2-4-16　球笼式等速万向节及半轴

由于等速万向节传递繁重的驱动力矩,随受负荷重,传动精度高,需求量很大,又是安全件,因此其主要零件均采用精锻件加工而成。

②球笼式万向节检修

以桑塔纳2000轿车为例,主要是检查内、外等速万向节中各部件的磨损情况和装配间隙。一般外等速万向节酌情单件更换。内等速万向节,如某部件磨损严重,则应整体更换。

外等速万向节的6颗钢球要求有一定的配合公差,并与星形套一起组成配合件。检查轴、球笼、星形套与钢球有无凹陷与磨损,若万向节间隙过大,需更换万向节。

内等速万向节的检修要检查球形壳、星形套、球笼及钢球有无凹陷与磨损,如磨损严重则应更换。内等速万向节只能整体调换,不可单个更换。

防尘罩及卡箍、弹性挡圈等损坏时,应予以更换。

2)球叉式等速万向节

球叉式万向节如图2-4-17所示,它是由主动叉、从动叉、4个传动钢球、中心钢球、定位销、锁止销组成。主动叉与从动叉分别与内、外半轴制成一体。在主、从动叉上,分别有4个曲面凹槽,装配后,则形成两个相交的环形槽,作为钢球滚道。4个传动钢球放在槽中,中心钢球放在两叉中心的回槽内,以定中心。球叉式万向节在工作的时候,只有2个钢球传力,磨损快,影响使用寿命,现在应用越来越少。

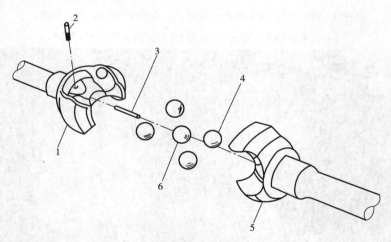

图2-4-17 球叉式万向节

1—从动叉;2—锁止销;3—定位销;4—传动钢球;5—主动叉;6—中心钢球

（3）传动轴和中间支承

1)传动轴

①功用

传动轴是万向传动装置中的主要传力部件。通常用来连接变速器(或分动器)和驱动桥,在转向驱动桥和断开式驱动桥中,则用来连接差速器和驱动车轮。

②构造

传动轴有实心轴和空心轴之分。为了减轻传动轴的质量,节省材料,提高轴的强度、刚度,传动轴多为空心轴,一般用厚度为1.5~3.0 mm的薄钢板卷焊而成,超重型货车则直接采用无缝钢管。

转向驱动桥、断开式驱动桥或微型汽车的传动轴通常制成实心轴。

图2-4-18所示为解放CA1092型汽车的万向传动装置,因传动轴过长时,自振频率降低,易产生共振,故将其分成两段并加中间支承,中间传动轴前端焊有万向节叉,后端焊有花键轴,其上套装带内花键的凸缘盘;主传动轴前端焊有花键轴,其上套装滑动叉并在花键轴上可轴向滑动,适应变速器与驱动桥相对位置的变化,滑动部位用润滑脂润滑,并用油封(即橡胶伸缩套)防湿、防水、防尘,滑动叉前端装有带小孔的堵盖,保证花键部位伸缩自由。

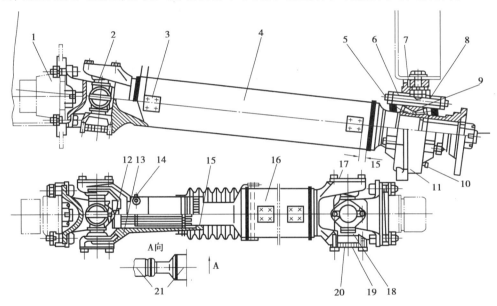

图2-4-18　解放CA1092汽车的万向传动装置

1—凸缘叉;2—万向节十字轴;3—平衡片;4—中间传动轴;5,15—中间支承油封;

6—中间支承前盖;7—橡胶垫片;8—中间支承后盖;9—双列圆锥滚子轴承;10,14—油杯;

11—支架;12—堵盖;13—滑动叉;16—主传动轴;17—锁片;18—滚针轴承油封;

19—万向节滚针轴承;20—滚针轴承轴承盖;21—装配位置标记

传动轴两端的连接件装好后,应进行动平衡试验。在质量轻的一侧补焊平衡片,使其不平衡量不超过规定值,为防止装错位置和破坏平衡,滑动叉、轴管上都应刻有带箭头的记号。为保持平衡,油封上2个带箍的开口销应装在间隔180°位置上,万向节的螺钉、垫片等零件不应随意改换规格。为加注润滑脂方便,万向传动装置的油杯应在一条直线上,且万向节上的油杯应朝向转动轴。

③检修

a. 目视检查传动轴轴管,不得有裂纹及严重的凹瘪。

b. 检查传动轴轴管全长上的径向圆跳动,如图 2-4-19 所示,应符合表 2.1 的规定。

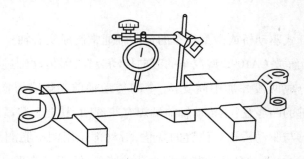

图 2-4-19　检查传动轴径向圆跳动

轿车传动轴径向圆跳动应比表中的值相应减小 0.2 mm。中间传动轴支承轴颈的径向圆跳动为 0.10 mm。当传动轴轴管的径向圆跳动超过表中的规定时,应对传动轴进行校正或更换。

表 2.1　传动轴轴管的径向圆跳动公差表

轴长/mm	小于 600	600～1 000	大于 1 000
径向圆跳动/mm	0.6	0.8	1.0

c. 检查传动轴花键与滑动叉花键、凸缘叉与所配合花键的侧隙:轿车应不大于 0.15 mm,其他类型的汽车应不大于 0.30 mm,装配后应能滑动自如。

2)中间支承

①功用

传动轴分段时需加中间支承,中间支承通常装在车架横梁上,能补偿传动轴轴向和角度方向的安装误差,以及汽车行驶过程中因发动机窜动或车架变形等引起的位移。

②结构

中间支承常用弹性元件来满足上述功用,由支架和轴承等组成,通过双列锥轴承固定在中间传动轴后部的轴颈上。带油封的支承盖之间装有弹性元件橡胶垫环,用 3 个螺栓紧固。紧固时,橡胶垫环会径向扩张,其外圆被挤紧于支架的内孔。

东风 EQ1090 型汽车的中间支承,如图 2-4-20 所示。轴承可在轴承座内轴向滑动,轴承座装在蜂窝形橡胶垫内,通过 U 形支架固定在车架横梁上。

③检修

a. 检查中间支承的橡胶垫环是否开裂、油封磨损是否过甚而失效、轴承松旷或内孔磨损

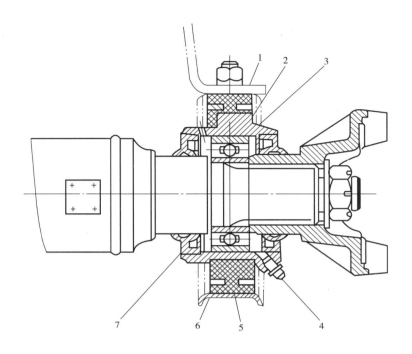

图 2-4-20 东风 EQ1090 型汽车的中间支承

1—车架横梁;2—轴承座;3—轴承;4—油杯;5—蜂窝形橡胶;

6—U 形支架;7—油封

是否严重,如图 2-4-21 所示。如果是,均应更换新的中间支承。

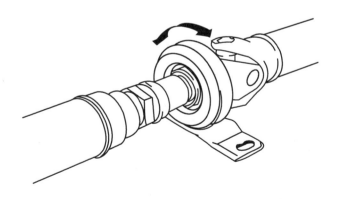

图 2-4-21 检查中间支承

b. 中间支承轴承经使用磨损后,需及时检查和调整,以恢复其良好的技术状况。以解放 CA1092 型汽车为例,其传动系中间支承为双列圆锥滚子轴承,有 2 个内圈和 1 个外圈,两内圈中间有 1 个隔套,供调整轴向间隙用。

磨损使中间支承轴向间隙超过 0.30 mm 时,将引起中间支承发响和传动轴严重振动,导致各传力部件早期损坏。

调整方法:拆下凸缘和中间轴承,将调整隔板适当磨薄,传动轴承在不受轴向力的自由状态下,轴向间隙在 0.15~0.25 mm,装配好后用 195~245 N·m 的扭矩拧紧凸缘螺母,保证轴承轴向间隙在 0.05 mm 左右,即转动轴承外圈而无明显的轴向游隙为宜,最后从油嘴注入足够的润滑脂,以减小磨损。

2.4.3　万向传动装置常见故障

(1)万向节和伸缩节响

1)现象

在汽车起步或车速突然改变时,传动装置发出"抗"的一声;当汽车缓车时,传动装置发出"呱啦、呱啦"的响声。

2)原因

①万向节轴承因磨损或冲击造成松旷。

②传动轴伸缩节花键因磨损或冲击造成松旷。

③万向节凸缘盘连接螺栓松动。

(2)传动轴响

1)现象

在万向节与伸缩节技术状况良好的情况下,传动轴于汽车行驶中发出周期性响声;车速越快时响声越大,严重时车身发生抖振,甚至握转向盘的手有麻木感。

2)原因

①传动轴弯曲或轴管凹陷。

②传动轴管与万向节叉焊接时未找正或传动轴未进行动平衡。

③传动轴上的平衡片失落。

④伸缩节未按标记安装,使传动轴失去平衡,并有可能造成传动轴两端的叉不在同一平面上。

⑤中间支承吊架的固定螺栓或万向节凸缘盘连接螺栓松动,使传动轴位置偏斜。

⑥橡胶夹紧式中间支承紧固方法不妥,造成中间传动轴前端偏离原轴线。

（3）中间支承响

1）现象

汽车行驶中产生一种连续的"呜呜"的响声,车速越快响声越大。

2）原因

①滚动轴承脱层、麻点、磨损过甚或缺油。

②中间支承安装方法不当,造成滚动轴承承受附加载荷。

③橡胶圆环损坏。

④车架变形。

2.4.4　万向传动装置故障诊断与维修

万向传动装置一般由传动轴和2个十字轴万向节组成,详细结构如图2-4-22所示。

（1）万向传动装置故障诊断

万向传动装置的常见故障部位主要有传动轴平衡块、传动轴套管、花键、中间支承等。

万向传动装置的常见故障是万向传动装置异响。根据其响声的部位可分为万向节响、传动轴响和中间支承响。

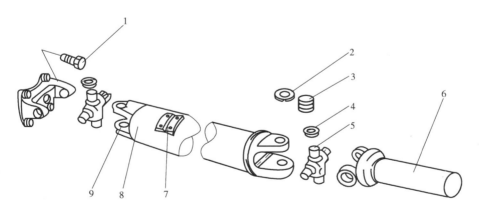

图 2-4-22　传动轴的组成

1—螺栓;2—卡环;3—轴承;4—油封;5—十字轴;

6—滑动叉;7—平衡片;8—套管;9—万向节叉

1）故障现象

万向传动装置在汽车行驶过程中发出不同的响声。

137

2）故障主要原因及处理方法

万向传动装置发出异响的根本原因是万向传动装置的连接处磨损松旷，装配不当，或传动轴弯曲等原因造成动平衡破坏，当传递较大的转矩和受到剧烈的冲击时产生异响。具体原因主要是：

①万向节套筒与万向节叉孔磨损松旷，应予更换。

②万向节叉凸缘盘连接螺栓松动，应予紧固或更换。

③传动轴伸缩节花键因磨损和冲击造成松旷，应予更换。

④传动轴弯曲，应予校正。

⑤传动轴上的平衡片失落或套管凹陷，应重新做动平衡。

⑥传动轴套管与万向节叉或伸缩节花键轴焊接时位置歪斜或焊接后传动轴未进行动平衡，应予更换或做动平衡。

⑦伸缩节未按标记安装，应按记号装配。

⑧中间支承固定螺栓松动，应予紧固或更换。

⑨中间支承固定位置不正确，应按正确位置固定。

⑩中间支承滚动轴承润滑不良，滚道表面有麻点、凹痕、退火变色等损伤，应予润滑或更换。

⑪中间支承橡胶圆环垫破损，应予更换等。

3）故障诊断方法

在汽车起步或突然改变车速时，传动装置发出"抗"的一声；当汽车缓慢行驶时，传动装置发出"呱啦、呱啦"的响声。说明是万向节响。

汽车行驶中发出周期性的响声，速度越快时响声越大，严重时车身发生抖振，甚至握转向盘的手有麻木感。说明是传动轴弯曲引起的响声。

汽车行驶中产生一种连续的"呜呜"的响声，车速越快响声越大。说明是中间支承响。

按照故障响声的部位，结合如图 2-4-23 所示万向传动装置异响常见故障原因的诊断流程查找故障。

万向传动装置还可能发生振动，引起的主要原因有：

①车轮或轮胎动不平衡。

②传动轴平衡片脱落。

③汽车超载。

④传动轴或万向节的运转角改变。

⑤发动机、变速器或传动轴橡胶支承件失效等。

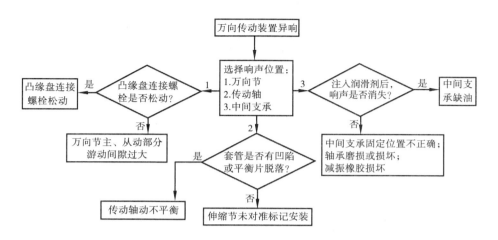

图2-4-23　万向传动装置异响常见故障原因的诊断流程

（2）万向传动装置的维修

1）万向传动装置的维护

万向传动装置的维护工作主要包括：检查防尘罩、万向节、中间支撑支架和轴承，润滑传动轴、万向节、十字轴和中间支撑轴承，校紧各连接螺栓等。

2）桑塔纳乘用车等角速万向传动装置的修理

①传动轴的拆卸

a.拆下传动轴与轮毂连接螺母。

b.卸下可移动球形接头与下摇臂的连接螺母，放下下摇臂。

c.拆下传动轴螺栓，分开凸缘盘与传动轴。

d.将传动轴拉出。

②传动轴的检修

检查内外等角速万向节中各部件的磨损情况和装配游动间隙。磨损超准后，一般外球笼式等角速万向节可酌情单件更换，内伸缩型球笼式等角速万向节应整体更换。

检查防尘套有无破损或裂纹，若有，应更换。

③传动轴的装配

a.将传动轴与轮毂花键上的油污擦净，涂上清洁的润滑脂。

b.按拆下的相反顺序安装传动轴。

c.按图2-4-24所示重新安装球形接头，并拧紧紧固螺母。

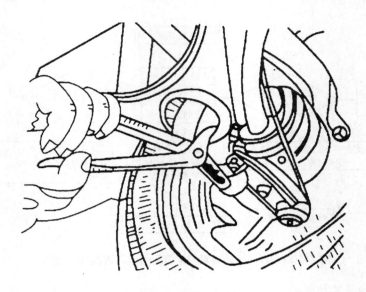

图 2-4-24　安装球形接头

（3）东风 EQ1092 型汽车万向传动装置的修理

1）万向传动装置的拆卸

①用三角木垫好车轮，将变速器置于空挡，放松驻车制动手柄。

②在传动轴各连接件之间做好装配记号，拆下滑动叉防尘罩卡箍。

③拆下后传动轴与主减速器凸缘的连接螺栓，取下后传动轴。

④拆下中间支撑与横梁的固定螺栓及中间传动轴与驻车制动器制动毂的连接螺栓，取下中间传动轴。

2）万向传动装置的检修

①十字轴轴颈应无金属剥落，滚针压痕深度不大于 0.10 mm，轴承径向间隙不大于 0.25 mm，轴承壳上不得有裂纹，否则应更换新件。

②用百分表检查传动轴花键与花键套的配合间隙，若超过 0.30 mm 应更换新件。

③检查传动轴弯曲量，小于 5 mm 时用冷压校正，大于 5 mm 时用加热校正或更换新件。

④中间支撑的轴承间隙应小于 0.50 mm，否则应更换新件。

3）传动轴的装配

按拆卸的相反次序进行，注意对准原来的装配记号。按规定拧紧力矩紧固固定螺母，并对中间支撑轴承、十字轴等处进行润滑。

检修调整好的万向传动装置，应做到：装配尺寸正确，防尘罩无裂纹（损坏），卡箍可靠，中间支撑无松动，轴承间隙正常，万向节无松旷（卡滞、异响）。

课题 2.5　驱动桥

驱动桥是位于传动系统末端能改变来自变速器的转速和转矩,并将它们传递给驱动轮的机构。驱动桥一般由主减速器、差速器、车轮传动装置和驱动桥壳等组成,转向驱动桥还有等速万向节。另外,驱动桥还要承受作用于路面和车架或车身之间的垂直力、纵向力和横向力,以及制动力矩和反作用力。

2.5.1　驱动桥的功能和分类

（1）驱动桥的功能

驱动桥处于动力传动系的末端,其基本功能是:

①将万向传动装置传来的发动机转矩通过主减速器、差速器、半轴等传到驱动车轮,实现降速增大转矩。

②主减速器圆锥齿轮副改变转矩的传递方向。

③差速器实现两侧车轮差速作用,保证内、外侧车轮以不同转速转向。

④桥壳体和车轮实现承载及传力矩作用。

（2）驱动桥的分类

①按驱动桥与桥壳的连接关系分,分为整体式驱动桥、断开式驱动桥和转向驱动桥,如图 2-5-1 所示。

整体式驱动桥:把整个驱动桥通过弹性元件——悬架与车架相连,驱动桥壳与主减速器刚性地连成一体,两侧的半轴和驱动车轮不可能在横向平面内做相对运动。整体式驱动桥也称为非断开式驱动桥,如图 2-5-2 所示。

断开式驱动桥:主减速器固定在车架上,而两驱动轮分别与车架做弹性连接。采用独立悬架连接方式,两车轮可彼此独立地相对于车架在横向平面内上下跳动。半轴、半轴套管也相对于减速器壳独立地摆动。于是,左、右半轴必须分成两段,并用万向节连接,如图 2-5-3 所示。

转向驱动桥:当驱动桥同时兼作转向桥时,则被称为转向驱动桥,如图 2-5-4 所示。

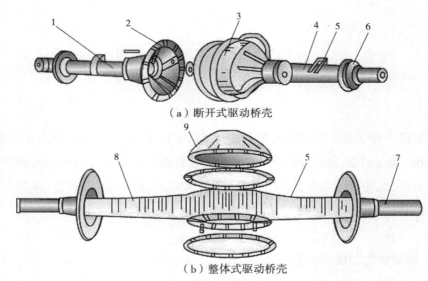

（a）断开式驱动桥壳

（b）整体式驱动桥壳

图 2-5-1 驱动桥壳

1,4—半轴壳;2—左桥壳;3—右桥壳;5—钢板弹簧座;6—突缘;7—半轴管套;8—后桥壳;9—壳盖

图 2-5-2 整体式驱动桥实物图

图 2-5-3 断开式驱动桥实物图

图 2-5-4　轿车前桥(转向驱动桥)

②按结构形式分,分为中央单级感速驱动桥、中央双级驱动桥和中央单级、轮边减速驱动桥。

中央单级减速驱动桥:中央单级减速驱动桥是驱动桥结构中最为简单的一种,是驱动桥的基本形式,在重型卡车中占主导地位。一般在主传动比小于 6 的情况下,应尽量采用中央单级减速驱动桥。目前中央单级减速器趋于采用双曲线螺旋伞齿轮,主动小齿轮采用骑马式支承,有差速锁装置供选用。

中央双级减速驱动桥:在国内目前的市场上,中央双级驱动桥主要有两种类型,一类载重汽车后桥设计,如伊顿系列产品,事先就在单级减速器中预留好空间,当要求增大牵引力与速比时,可装入圆柱行星齿轮减速机构,将原中央单级改成中央双级驱动桥,这种改制"三化"(即系列化,通用化,标准化)程度高,桥壳、主减速器等均可通用,锥齿轮直径不变;另一类如洛克威尔系列产品,当要增大牵引力与速比时,需要改制第一级伞齿轮后,再装入第二级圆柱直齿轮或斜齿轮,变成要求的中央双级驱动桥,这时桥壳可通用,主减速器不通用,锥齿轮有 2 个规格。由于上述中央双级减速桥均是在中央单级桥的速比超出一定数值或牵引总质量较大时,作为系列产品而派生出来的一种型号,它们很难变形为前驱动桥,使用受到一定限制。因此,综合来说,双级减速桥一般均不作为一种基本型驱动桥来发展,而是作为某一特殊考虑而派生出来的驱动桥存在。

中央单级、轮边减速驱动桥:轮边减速驱动桥较为广泛地用于油田建筑工地、矿山等非公路车与军用车上。当前轮边减速桥可分为两类,一类为圆锥行星齿轮式轮边减速桥;另一类为圆柱行星齿轮式轮边减速驱动桥。圆锥行星齿轮式轮边减速桥由圆锥行星齿轮式传动构成的轮边减速器,轮边减速比为固定值 2,它一般均与中央单级桥组成为一系列。在该系列中,中央单级桥仍具有独立性,可单独使用,需要增大桥的输出转矩,使牵引力增大或速比增大时,可不改变中央主减速器而在两轴端加上圆锥行星齿轮式减速器即可变成双级桥。这类桥与中央双级减速桥的区别在于,降低半轴传递的转矩,把增大的转矩直接增加到两轴端的轮边减速器上,其"三化"程度较高。但这类桥因轮边减速比为固定值 2,因此,中央主减速器的尺寸仍较大,一般用于公路、非公路军用车。圆柱行星齿轮式轮边减速桥,单排、齿圈固定式圆柱行星齿轮减速桥,一般减速比在 3 ~ 4.2。由于轮边减速比大,因此,中央主减速器的速比一般均小于 3,这样大锥齿轮就可取较小的直径,以保证重型货车对离地间隙的要求。这类桥比单级减速器的质量大,价格也要贵些,而且轮毂内具有齿轮传动,长时间在公路上行驶会产生大量的热量而引起过热。因此,作为公路车用驱动桥,它不如中央单级减速桥。

随着我国公路条件的改善和物流业对车辆性能要求的变化,载货汽车驱动桥技术已呈现出向单级化发展的趋势。单级减速驱动车桥是驱动桥中结构最简单的一种,制造工艺较简单,成本较低,是驱动桥的基本型,在重型货车上占有重要地位;目前重型货车发动机向低速大扭矩发展的趋势使得驱动桥的传动比向小速比发展;随着公路状况的改善,特别是高速公路的迅猛发展,许多重型货车使用条件对汽车通过性的要求降低,因此,重型货车产品不必像过去一样,采用复杂的结构提高其通过性;与带轮边减速器的驱动桥相比,由于产品结构简化,单级减速驱动桥机械传动效率提高,易损件减少,可靠性增加。

2.5.2　驱动桥的组成

驱动桥是由主减速器、差速器、半轴和桥壳等组成,如图 2-5-5 所示。

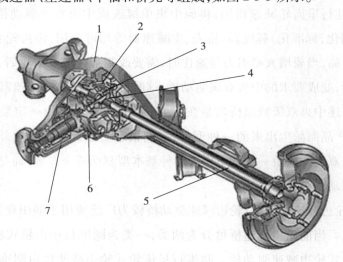

图 2-5-5　驱动桥的组成

1—后桥壳;2—差速器壳;3—差速器行星齿轮;4—差速器半轴齿轮;
5—半轴;6—主减速器从动齿轮齿圈;7—主减速器主动小齿轮

(1)主减速器

如图 2-5-6 所示,主减速器一般用来改变传动方向,降低转速,增大扭矩,保证汽车有足够的驱动力和适当的速度。主减速器类型较多,有单级、双级、双速、轮边减速器等。

1)单级主减速器

由一对减速齿轮实现减速的装置,称为单级减速器。其结构简单,质量小,东风 EQ1090 型等轻、中型载重汽车上应用广泛,如图 2-5-7 所示。

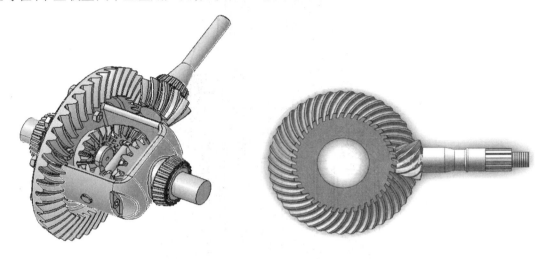

图 2-5-6　主减速器　　　　　　　　　　　图 2-5-7　单级主减速器

2)双级主减速器

对一些载重较大的载重汽车,要求较大的减速比,用单级主减速器传动,则从动齿轮的直径就必须增大,会影响驱动桥的离地间隙,所以采用两次减速,通常称为双级减速器。双级减速器有两组减速齿轮,实现两次减速增扭。

为提高锥形齿轮副的啮合平稳性和强度,第一级减速齿轮副是螺旋锥齿轮,第二级减速齿轮副是斜齿圆柱齿轮。

主动圆锥齿轮旋转,带动从动圆锥齿轮旋转,从而完成一级减速。第二级减速的主动圆柱齿轮与从动圆锥齿轮同轴而一起旋转,并带动从动圆柱齿轮旋转,进行第二级减速。因从动圆柱齿轮安装于差速器外壳上,所以,当从动圆柱齿轮转动时,通过差速器和半轴驱动车轮转动。

采用双级主减速器可以获得较大传动比,保证驱动桥有足够的离地间隙,并可缩短传动轴的长度。解放 CA1091 型汽车主减速器为双级主减速器,结构如图 2-5-8 所示,解放 CA1091 型汽车主减速器的第一级传动比由一对螺旋锥齿轮副主动锥齿轮和从动锥齿轮所决定,第二级传动比由一对斜齿圆柱齿轮副的第二级主动齿轮和第二级从动齿轮所决定。

（2）差速器

差速器用以连接左右半轴,可使两侧车轮以不同角速度旋转同时传递扭矩,保证车轮的

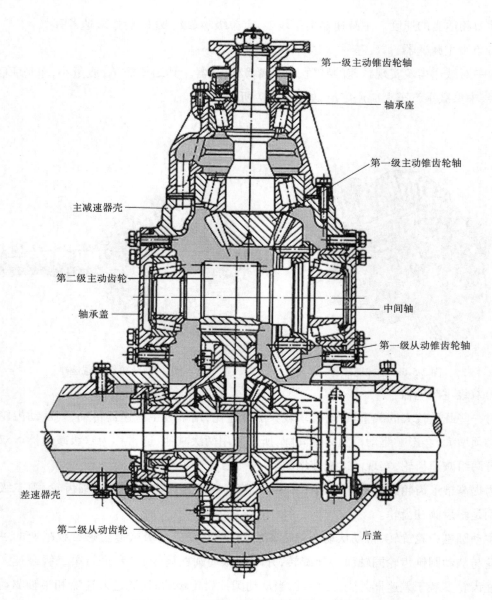

第一级主动锥齿轮轴

轴承座

第一级主动锥齿轮轴

主减速器壳

第二级主动齿轮

中间轴

轴承盖

第一级从动锥齿轮轴

差速器壳

第二级从动齿轮

后盖

图 2-5-8　解放 CA1091 型汽车双级主减速器

正常滚动。有的多桥驱动的汽车,在分动器内或在贯通式传动的轴间也装有差速器,称为桥间差速器。其作用是在汽车转弯或在不平坦的路面上行驶时,使前后驱动车轮之间产生差速作用。

　1)作用

　　差速器除了把主减速器传来的动力传给驱动轮外,当左、右车轮行驶条件不同时,能自动调整左右驱动车轮以不同的转速旋转,使车轮保持滚动行驶状态。

2）分类

差速器按结构分为普通差速器和防滑差速器。

①普通差速器

A.结构

国产轿车及其他类汽车基本都采用了对称式锥齿轮普通差速器。对称式锥齿轮普通差速器由 2 个或 4 个行星齿轮、行星齿轮轴（十字轴或一根直销轴）、2 个圆锥半轴齿轮、1 个输入轴齿轮和差速器壳等组成。如图 2-5-9 所示为有 2 个行星齿轮的普通差速器结构示意图，如图 2-5-10 所示为有 2 个行星齿轮的普通差速器各锥齿轮的实物图片。

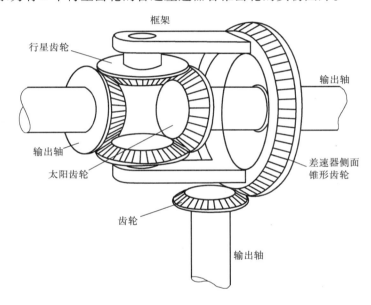

图 2-5-9　普通行星锥齿轮差速器结构示意图

B.工作原理

a.当汽车直线行驶的时候，两侧车轮所受的行驶阻力相等，行星齿轮不自转，而只随行星齿轮轴及差速器壳体一起公转，所以两半轴无转速差，差速器不起作用。

b.当汽车转弯时，通过半轴及半轴齿轮反作用于行星齿轮两啮合点的力将不相等，从而破坏了行星齿轮的平衡，使得行星齿轮除了随差速器一起公转外，还要绕行星齿轮轴自转，使两侧车轮以不同的转速在地面上滚动，实现差速的作用。

c.在实物当中知道差速器的动力传递路线。

主减速器从动锥齿轮—差速器壳体—行星齿轮轴—行星齿轮—半轴齿轮，如图 2-5-11 所示。

C.表现形式

a.汽车在转弯或在不平路面行驶时，都可以借行星齿轮以相应自转的方式，来达到两侧

图 2-5-10　行星锥齿轮差速器实物图

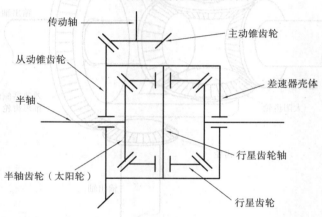

图 2-5-11　差速器的动力传递路线

车轮以不同转速行驶的目的,以保证车轮做纯滚动而无滑动行驶。

　　b. 当一个驱动轮在良好的路面上不转动,而另一个驱动车轮在不好的路面上打滑空转时,则说明空转一侧的驱动车轮以两倍差速器壳的转速旋转。

　　c. 当将汽车后桥顶起,使两驱动轮悬空,在阻止传动轴转动的情况下,当转动一侧驱动车轮,则两驱动车轮以大小相同、方向相反的角速度旋转。此时差速器壳不转,而行星齿轮没有公转,只有自转。

　　d. 普通圆锥齿轮式差速器的扭矩分配,主减速器传来的扭矩经差速器壳传给十字轴至行星齿轮,再由行星齿轮传给左、右两半轴齿轮。

　　e. 不管左、右车轮转速是否相等,而扭矩总是平均分配的。当行星齿轮没有自转运动时,总是将扭矩平均分配给左、右两半轴齿轮。当行星齿轮除公转外,还有自转,左右半轴存在转速差时,差速器分配给转速较慢的车轮以较大转矩,分配给转速较快的车轮以较小转矩,而两车轮的转矩差等于差速器内的摩擦力矩。由于内摩擦力矩很小,实际上可以认为差速器分配给两侧车轮的扭矩大小是相等的。

②防滑差速器

防滑差速器(Limited Slip Differential,LSD),顾名思义就是限制车轮滑动的一种改进型差速器,指两侧驱动轮转速差值被允许在一定范围内,以保证正常的转弯等行驶性能的类差速器。事实上 LSD 依构造的不同可以分为几种形式,而每一种 LSD 也都有其特别之处。

防滑差速器能够克服普通锥齿轮差速器将转矩平均分配给左、右轮而带来某些缺点。例如当汽车行驶在坏路面时,一侧驱动轮接触泥泞、冰雪路面而在原地打滑(滑转),另一侧驱动轮在好路面上处于不动状态,造成汽车通过能力较低的问题。这是因为与泥泞、冰雪路面接触的驱动轮与路面的附着力减少,路面对半轴作用有很小的反作用转矩,结合对称式锥齿轮差速器具有转矩平均分配的特点,这使处在好路面上的驱动轮所得到的转矩只能与处于坏路面上的驱动轮转矩相等,于是两者的合力不足以克服行驶阻力,汽车便停止不动。

根据结构特点不同,防滑差速器有强制锁止式、高摩擦式和自由轮式 3 种。其中,高摩擦式中又有摩擦片式自锁差速器、托森差速器、蜗轮式差速器、滑块凸轮式差速器和黏性联轴器式差速器 5 种。

其中托森差速器(图 2-5-12)是美国格里森公司生产的转矩感应式差速器,即差速器可以根据其内部差动转矩的大小而决定是否限制差速器的差速作用。在结构上巧妙地利用涡轮蜗杆传动的不可逆原理而设计。作为一种新型差速机构,托森差速器以其独特的优越性能在各种汽车上得到广泛应用。

下面以中央差速器为例说明托森差速器的工作原理。

汽车驱动时,来自发动机的驱动力通过空心轴 2 传至差速器壳 3。然后,通过蜗轮轴 6 传到蜗轮 5,并传向蜗杆 9 和 10,前蜗杆轴 10 通过差速器齿轮轴 1 将驱动力传至前桥,后蜗杆轴 9 通过后驱动轴 8 将驱动力传至后桥,从而实现前后驱动桥的驱动牵引作用。而当该差速器作为轮间差速器使用时,也可以将前蜗杆轴和后蜗杆轴分别与左右驱动轮半轴相连接。当汽车转向时,左右驱动轮出现转速差,通过啮合的直齿圆柱齿轮相对转动,使一轴转速加快,另一轴转速减慢,实现差速作用。

托森差速器是利用蜗轮蜗杆传动副的高内摩擦力矩 M_r 进行转矩分配的。而内摩擦力矩 M_r 又取决于两端输出轴的相对转速。当两端输出轴的相对转速差比较小时,后端蜗轮带动蜗杆摩擦力也较小,通过差速器直齿圆柱齿轮吸收两侧输出轴的转速差。当前轴蜗杆转速较高时,蜗轮驱动蜗杆的摩擦力矩也较大,差速器将抑制该车轮的空转,将输入转矩 M_o 分配到后端输出轴上。

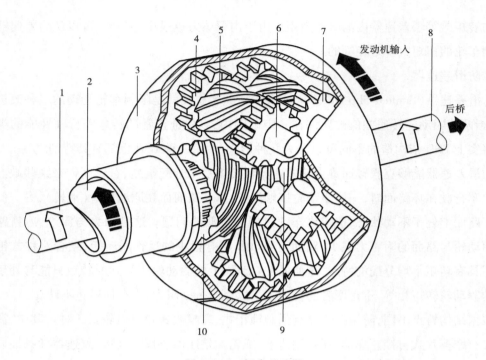

图 2-5-12　托森差速器

1—差速器齿轮轴;2—空心轴;3—差速器壳;4,6,7—蜗轮轴;5—蜗轮;
8—后驱动轴;9—后蜗杆轴,10—前蜗杆轴

A. 优点

托森差速器实现了恒时、连续扭矩控制管理,它持续工作,没有时间上的延迟,但不介入总扭矩输出的调整,也就不存在着扭矩的损失,与牵引力控制和车身稳定控制系统相比具有更大的优越性。因为没有传统的自锁差速器所配备的多片式离合器,也就不存在着磨损,并实现了免维护。纯机械 LSD 具有良好的可靠性。

托森差速器可以与任何变速器、分动器实现匹配,与车辆其他安全控制系统 ABS、TCS、SCS 相容。托森差速器是纯机械结构,在车轮刚一打滑的瞬间就会发生作用,它具有线性锁止特性。

托森式限滑差速器是一种全自动纯机械式的限滑差速器,非常可靠耐用,并且反应迅速,从某些角度来说,是一种非常均衡的设计。其能够在非常短的时间里对驱动轮之间产生的扭矩差提供响应,调整扭矩输出以解决轮差的问题,而且锁止特性也非常线性,并且能够在一个相对广泛的扭矩范围内进行调节,而不受到差速器壳结构空间的影响而限制作用的发挥。

B. 缺点

托森式限滑差速器与其他的扭矩感应式限滑差速器相比起来结构相对复杂,质量大,造价也相对比较昂贵;同时蜗轮蜗杆传动副的高内摩擦力矩,也增加了零件磨损,对使用寿命不利。

（3）半轴

半轴是将差速器传来的扭矩再传给车轮,驱动车轮旋转,推动汽车行驶的实心轴。由于轮毂的安装结构不同,而半轴的受力情况也不同。所以,半轴分为全浮式、半浮式、3/4浮式三种形式,如图2-5-13所示。

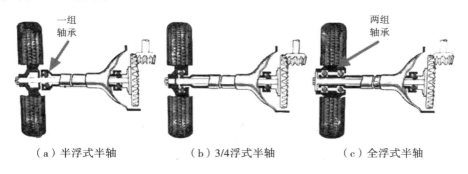

（a）半浮式半轴 　　　　（b）3/4浮式半轴 　　　　（c）全浮式半轴

图2-5-13 三种半轴

1）半浮式半轴

半浮式半轴的内端与全浮式的一样,不承受弯扭。其外端通过一个轴承直接支承在半轴外壳的内侧。这种支承方式将使半轴外端承受弯矩。因此,这种半轴除传递扭矩外,还局部地承受弯矩,故称为半浮式半轴。这种结构型式主要用于小客车。

2）3/4浮式半轴

3/4浮式半轴是受弯矩的程度介于半浮式和全浮式之间。此式半轴应用不多,只在个别小轿车上应用,如华沙M20型汽车。

除承受全部转矩外,还要承受一部分弯矩。3/4浮式半轴最突出的结构特点是半轴外端仅有一个轴承,轴承支承着车轮轮毂。由于一个轴承的支承刚度较差,因此,这种半轴除承受转矩外,还要承受因车轮与路面间的垂直力、驱动力和侧向力所引发的弯矩作用。3/4浮式半轴在汽车上应用很少。

3）全浮式半轴

一般大、中型汽车均采用全浮式结构。半轴的内端用花键与差速器的半轴齿轮相连接,半轴的外端锻出凸缘,用螺栓和轮毂连接。轮毂通过2个相距较远的圆锥滚子轴承支承在半轴套管上。半轴套管与后桥壳压配成一体,组成驱动桥壳。用这样的支承形式,半轴与桥壳没有直接联系,使半轴只承受驱动扭矩而不承受任何弯矩,这种半轴称为全浮式半轴。所谓"浮"意即半轴不受弯曲载荷。

全浮式半轴外端为凸缘盘与轴制成一体。但也有一些载重汽车把凸缘制成单独零件,并

151

借花键套合在半轴外端。因而,半轴的两端都是花键,可以换头使用。

（4）桥壳

如图 2-5-14 所示,桥壳是安装主减速器、差速器、半轴、轮毂和悬架的基础件,其主要作用是支承并保护主减速器、差速器和半轴等。一般来说,普通非断开式驱动桥桥壳是一根支承在左、右驱动车轮上的刚性空心梁,主减速器、差速器、半轴等传动件均装在其中,桥壳经纵置钢板弹簧与车架或车厢相连。它是驱动桥的重要组成部分又是行驶系统的主要组成件之一。驱动桥壳应有足够的强度和刚度,质量小,并便于主减速器的拆装和调整。

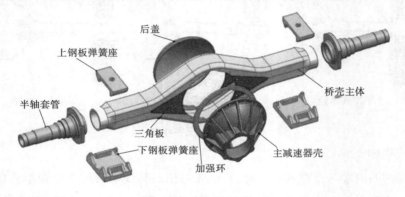

图 2-5-14　桥壳分解图

1）桥壳的主要功能

①支撑汽车质量,并承受由车轮传来的路面反力和反力矩,并经悬架传给车架(或车身)。

②桥壳是主减速器、差速器、半轴等部件的支承件和包容件。

③壳内装有润滑油,可对齿轮、轴承等进行润滑。

④密闭的壳体又能防止脏东西侵入和损害壳体内部件的工作环境。

⑤桥壳还有使左、右驱动轮的轴向相对位置固定的作用。

2）驱动桥壳分类

按结构形式分为整体式、可分式和组合式 3 种。

①整体式桥壳

整个桥壳是一根空心梁,桥壳和主减速器壳为两体。有刚度、强度大因而工作可靠的优点,但质量大、加工困难,适用于装载质量大的商用车。

按照制造工艺不同,整体式桥壳又可分为:

a. 整体铸造式桥壳。由两端压入用无缝钢管制成的半轴套管、桥壳和后盖等主要零件组成。

b.钢板冲压焊接式桥壳。由桥壳主件、钢板弹簧座、半轴套筒、后盖等组成。将2个桥壳、三角镶块、钢板弹簧座和半轴套筒焊合在一起组成焊接式驱动桥桥壳。其具有质量小、制造容易、材料利用合理、抗冲击性能良好、成本低等优点。在乘用车和装载质量小的商用车上得到广泛应用。

c.扩张成形式桥壳。由中部经过扩孔,两端又经过滚压变细的钢管、凸缘和弹簧座等组成。凸缘和弹簧座焊在钢管上构成桥壳。扩张成形式桥壳材料,其利用率最高、质量小,而强度和刚度也足够,故大量生产的乘用车和装载质量在中等的商用车都适合用这种结构。

②可分式桥壳

可分式桥壳由左、右桥壳和半轴套管组成。左、右桥壳经铸造制成后,先在每个桥壳外端压入半轴套管,然后将两者沿结合面圆周方向布置的螺栓紧固在一起,构成可分式桥壳。这种桥壳结构简单,制造工艺性好,主减速器支撑刚度好。但拆装、调整、维修很不方便,桥壳的刚度和强度受结构的限制,曾用于总质量不大的汽车上,现已较少使用。

③组合式桥壳

组合式桥壳由主减速器壳、无缝钢管组成。特点是将主减速器壳与部分桥壳铸造为一体,再在两端分别压入无缝钢管而构成。组合式桥壳有主减速器从动齿轮轴承支承刚度较好,主减速器的装配、调整比可分式桥壳方便的优点,但加工程度要求高,仅应用在乘用车和总质量较小的商用车上。

2.5.3　主减速器和差速器的结构与维修

以桑塔纳2000系列轿车为例。

（1）主减速器和差速器的结构

桑塔纳2000系列轿车变速器为两轴式,其输出轴上的锥齿轮即为主减速器的主动锥齿轮,桑塔纳2000系列轿车主减速器为单级式,主减速齿轮是一对螺旋伞齿轮,齿面为准双曲面。主减速器传动比为4.444。差速器为行星齿轮式,车速表驱动齿轮安装于差速器壳体上。主减速器和差速器的分解,如图2-5-15所示。

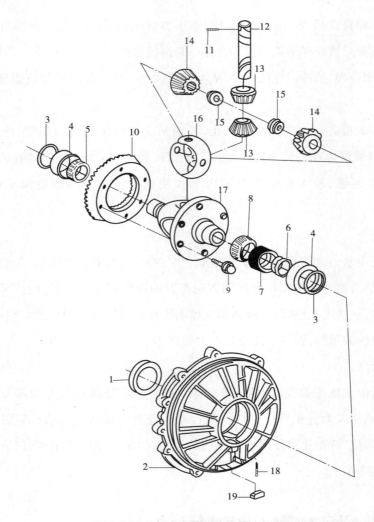

图 2-5-15　主减速器和差速器分解图

1—密封圈;2—主减速器盖;3—从动锥齿轮的调整垫片(S_1 和 S_2);4—轴承外圈;

5—差速器轴承;6—锁紧套筒;7—车速表主动齿轮;8—差速器轴承;9—螺栓(拧紧力矩70 N·m);

10—从动锥齿轮;11—夹紧销;12—行星齿轮轴;13—行星齿轮;14—半轴齿轮;

15—螺纹管;16—复合式止推垫片;17—差速器壳;18—磁铁固定销;19—磁铁

（2）主减速器和差速器的检修

1）主动锥齿轮和从动锥齿轮总成的更换

①主动锥齿轮和从动锥齿轮总成的拆卸

a.拆卸变速器,将其固定在支架上。拆下轴承支座和后盖。

b.取下车速里程表的传感器,如图 2-5-16 所示。

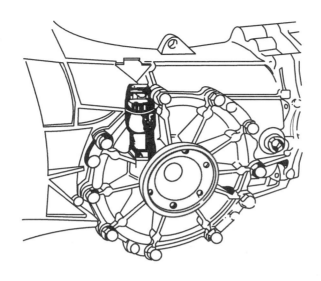

图 2-5-16　取下车速里程表传感器

c. 锁住传动轴(半轴),拆下紧固螺栓,如图 2-5-17 所示。取下传动轴。

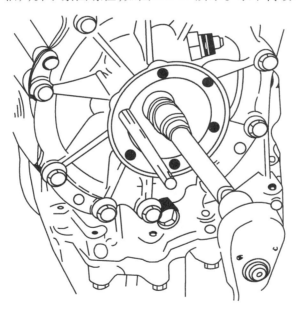

图 2-5-17　拆卸紧固螺栓

d. 取下车速里程表的主动齿轮导向器和齿轮。

e. 拆下主减速器盖,如图 2-5-18 所示。从变速器壳体上取下差速器。

f. 用铝质的夹具将差速器壳固定在台虎钳上,拆下从动齿轮的紧固螺栓。从动锥齿轮的紧固螺栓是自动锁紧的,一经拆卸就必须更换。

g. 取下从动锥齿轮,如图 2-5-19 所示。

h. 拆下并分解变速器输出轴。仔细检查所有零件,尤其是同步器环和齿轮,对于损坏和

155

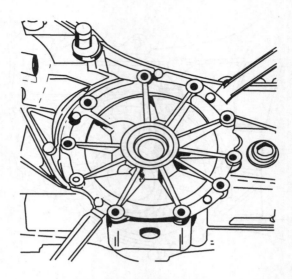

图 2-5-18　拆下主减速器盖

磨损的,应进行更换。

②主动锥齿轮和从动动锥齿轮总成的安装

a. 在变速器输出轴上装上所有齿轮、轴承及同步器,计算输出轴的调整垫片 S_3 的厚度。

b. 如图 2-5-20 所示,用 120 ℃给从动锥齿轮加热,并将其装在差速器壳上,安装时用 2 个螺纹销做导向。

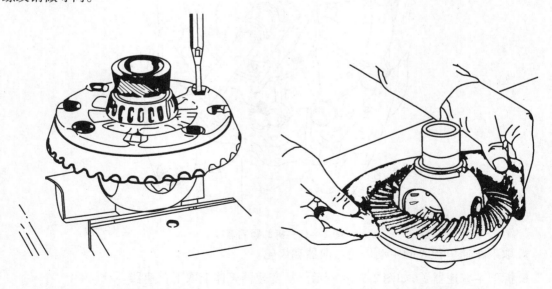

图 2-5-19　拆卸从动锥齿轮　　　　　　图 2-5-20　安装从动锥齿轮

c. 装上新的从动锥齿轮螺栓,并用 70 N·m 的力矩交替旋紧。

d. 计算从动齿轮的调整垫片 S_1 和 S_2 的厚度。把计算好的垫片装在适当的位置上。

e. 将轴承支座装在变速器壳体上,并用新的衬垫。装上变速器后盖。

f.将差速器装在变速器壳体上。将主减速器盖装在壳体上,用 25 N·m 的力矩旋紧螺栓。

g.装上车速里程表的主动齿轮和导向器。装上车速里程表的传感器。

h.装上半轴凸缘中的一个,用凿子将它锁住,装上螺栓,用 20 N·m 的力矩把它旋紧。装另一个半轴凸缘。

i.加注齿轮油并装上变速器。

2)半轴齿轮和行星齿轮的更换

①半轴齿轮和行星齿轮的拆卸

a.拆卸变速器,拆下差速器,拆下从动锥齿轮。

b.拆下行星齿轮轴的夹紧套筒,如图2-5-21所示。

c.取下行星齿轮轴,再取下行星齿轮和半轴齿轮。

②半轴齿轮和行星齿轮的安装

在安装之前,检查复合式止推垫片有否损坏,如需要应进行更换。

a.通过半轴凸缘将半轴齿轮固定在差速器壳上,如图 2-5-22 所示。

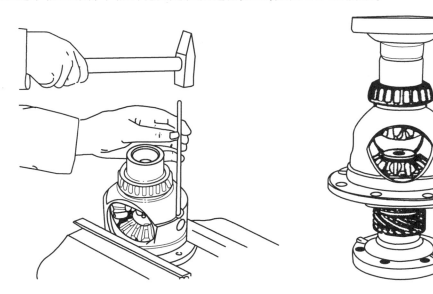

图 2-5-21　拆下行星齿轮轴的夹紧套筒　　　图 2-5-22　安装半轴齿轮

b.将行星齿轮放在适当的位置上,接着转动半轴凸缘使行星齿轮进入差速器壳,如图2-5-23所示。

c.装上行星齿轮轴,如图 2-5-24 所示。在行星齿轮轴装上夹紧销。

d.取下差速器半轴凸缘。用 120 ℃加热,将从动锥齿轮装在差速器壳上。

e.将差速器装在变速器壳体内。装上半轴凸缘。

f. 装上变速器。

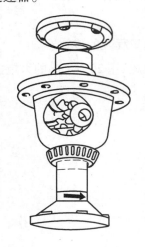

图 2-5-23　安装行星齿轮

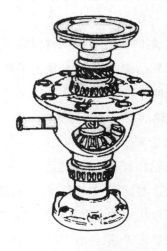

图 2-5-24　安装行星齿轮轴

3）差速器壳的更换

①差速器壳的拆卸

a. 拆卸变速器, 拆下差速器。

b. 拆下差速器轴承（与从动锥齿轮相对的一边）, 如图 2-5-25 所示。

c. 拆下差速器另一边轴承, 如图 2-5-26 所示。同时取下车速表主动齿轮和锁紧套筒。

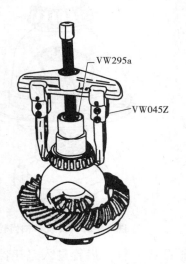

图 2-5-25　拆下差速器轴承

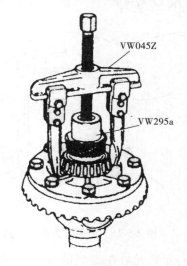

图 2-5-26　拆下另一边差速器轴承

d. 拆下变速器侧面的密封圈, 如图 2-5-27 所示。

e. 从主减速器盖上拆下差速器轴承的外圈和调整垫片 S_1, 如图 2-5-28 所示。

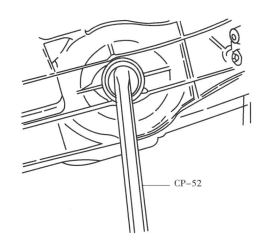

图 2-5-27　拆下密封圈

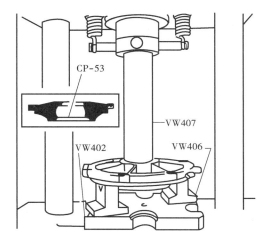

图 2-5-28　拆下差速器轴承外圈和调整垫片

　　f. 从变速器壳体上拆下差速器轴承的外圈和调整垫片 S_2，如图 2-5-29 所示。当差速器轴承在更换时，外圈需一起更换，同时必须计算出从动齿轮的调整垫片 S_1 和 S_2 的厚度。

　　②差速器壳的安装

　　a. 计算从动锥齿轮调整垫片 S_1 和 S_2 的厚度。

　　b. 装上调整垫片 S_2 和差速器轴承外圈，如图 2-5-30。

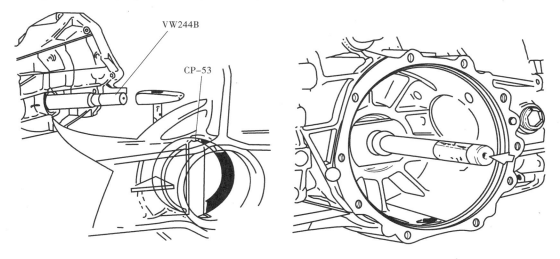

图 2-5-29　拆下另一边差速器轴承外圈和调整垫片　　图 2-5-30　安装调整垫片 S_2 和差速器轴承外圈

　　c. 装上调整垫片 S_1 和轴承外圈，如图 2-5-31 所示。

　　d. 装上变速器的侧面密封圈。用 120 ℃ 加热差速器轴承（与从动齿轮相对一面）并装在差速器壳上。

　　e. 将轴承压到位，如图 2-5-32 所示。

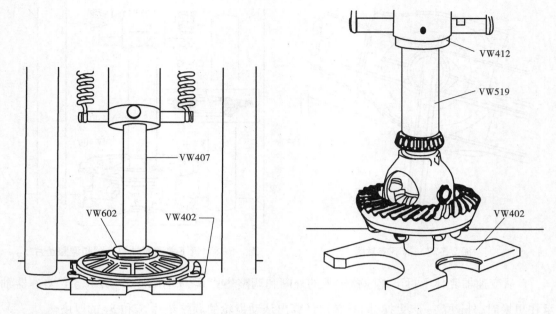

图 2-5-31　安装调整垫片 S_1 差速器轴承外圈　　　　图 2-5-32　压入轴承

f. 用 120 ℃加热差速器另一轴承,并装在差速器罩壳上。将轴承压到位,如图 2-5-33 所示。

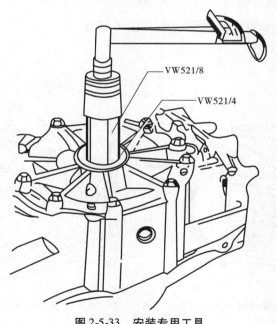

图 2-5-33　安装专用工具

g. 装上车速里程表主动齿轮和锁紧套筒,使 $x = 1.8$ mm(VW433a 只能支撑在锁紧套筒上,以免齿轮受损),如图 2-5-34 所示。

h. 用适当的变速器油润滑差速器轴承。将差速器装入变速器壳体内,装上主减速器盖。拆下变速器后盖和轴承支座。

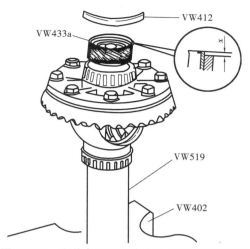

图 2-5-34　安装车速里程表主动齿轮和锁紧套筒

i. 用专用工具 VW521/4 和 VW521/8,同扭力扳手一起装在差速器上。

j. 通过扭力扳手,转动差速器,检查摩擦力矩,对新的轴承来说最小应为 2.5 N·m(要检查摩擦力矩,必须将差速器轴承用适当的变速器油润滑过)。

k. 调整从动锥齿轮。装上变速器后盖和轴承支座。

l. 装上半轴凸缘并给变速器加油。装上变速器。

（3）主动锥齿轮和从动锥齿轮总成的调整

主动锥齿轮和从动锥齿轮的调整正确与否,对于主减速器的使用寿命和运转平稳性起着决定性作用。主减速器和差速器总成拆装后,特别是更换某些零部件后,必须通过精确的测量、计算,选出合适的调整垫片,通过改变垫片的厚度来轴向移动主动齿轮,求得平稳运转的最佳位置,通过改变垫片的厚度来轴向移动变速器输出轴上的从动齿轮,使其啮合承压表面（啮合印痕）在最佳位置,并使啮合间隙在规定的公差范围。

从动齿轮和主动锥齿轮总成的调整部位,如图 2-5-35 所示。与理论上的尺寸 R 成比例的偏差 r,在生产过程中已经测量好了,并把它刻在从动锥齿轮的外侧。主动锥齿轮和从动锥齿轮只能一起更换。

根据零件的排列情况,会出现"间隙",这在调整主动锥齿轮和从动锥齿轮时应该考虑。因此,在拆卸变速器之前,最好测量齿面的平均间隙以及偏差 r。只要修理影响到主动锥齿轮和从动锥齿轮位置的零部件,必须重新测定调整垫片 S_1、S_2 和 S_3。

1）主动锥齿轮的调整

只要轴承支座、主动锥齿轮的后轴承、一挡齿轮的滚针轴承外圈、输出轴的后轴承外圈被更换,就必须通过调整垫片 S_3 来调整主动锥齿轮。

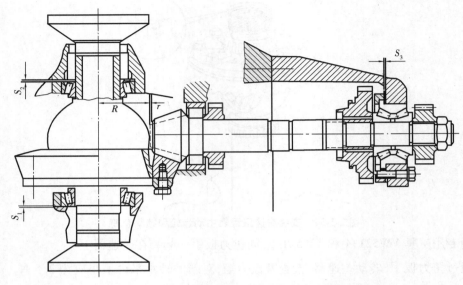

图 2-5-35　从动锥齿轮和主动锥齿轮总成的调整部位

S_1—调整垫片(从动锥齿轮一边);S_2—调整垫片(与从动锥齿轮相对的一边);S_3—输

出轴的调整垫片;r—与理论上的尺寸 R 成比例的偏差(偏差 r 用 $1/100$ mm 来表示,例

如"25"表明:$r = 0.25$ mm);R—主动锥齿轮理论上的尺寸($R = 50.7$ mm)

①装上轴承支座的后轴承外圈(无调整垫片)。装上轴承的保持架,并用 25 N·m 的力矩旋紧螺栓。

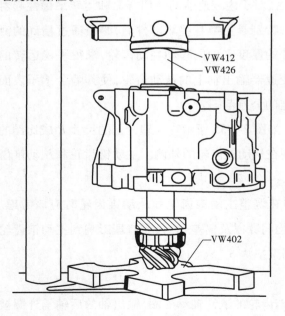

图 2-5-36　主动锥齿轮的调整(一)

②装上输出轴和外后轴承,如图 2-5-36 所示。

③将输出轴用铝质的夹具固定在台虎钳上,装上螺母并用 100 N·m 的力矩旋紧,如图2-5-37所示。

④用新的衬垫将变速器后盖装在轴承支座上。4 个螺栓将其固定(后轴承应往里放入至挡块)。

⑤将专用工具 VW385/1 支撑在 VW406 上,通过调节环测量 A 的尺寸,如图 2-5-38 所示。再装上专用工具 VW385/2,如图2-5-39 所示。

⑥将专用工具 VW5385/D 和 VW5385/

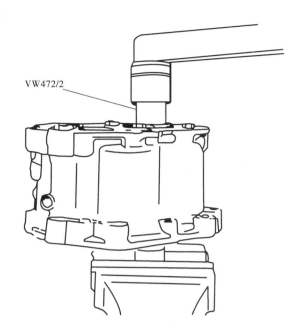

图 2-5-37　主动锥齿轮的调整(二)

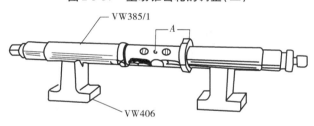

图 2-5-38　主动锥齿轮的调整(三)

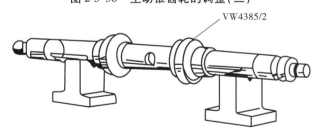

图 2-5-39　主动锥齿轮的调整(四)

C 装在 VW385/1 上,接着放上无调整垫片 S_1 的主减速器盖。装上百分表,将百分表调到零,应考虑到起始压力与离开 20 mm 相一致(百分表的表盘和 VW5385/D 应是同一方向,转动螺母将活动调节环移至中心),如图 2-5-40 所示。

　　⑦将专用磁铁 VW385/17 装在主动锥齿轮上,这样上面的缝隙朝向放油螺塞一边。将专用工具 VW385/1 放入变速器的内部,适当地装配好,如图 2-5-41 所示。

　　⑧装上垫片和主减速器盖的紧固螺栓,用 25 N·m 的力矩旋紧螺栓(不要在盖上敲打,因

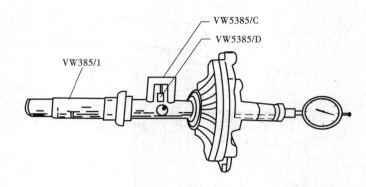

图 2-5-40　主动锥齿轮的调整（五）

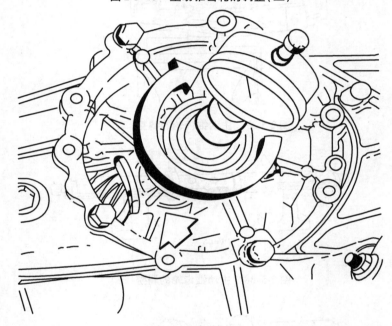

图 2-5-41　主动锥齿轮的调整（六）

为这样可能使百分表失灵）。转动螺母调节 VW385/1,保证装配正确。

⑨将 VW385/1 转到表的尖头碰到磁板和表的指针,并达到最大偏差（倒转）,所取得的值即 e 尺寸（从逆时针方向看）,如图 2-5-42 所示。当转动 VW385/1 时,表的尖头（VW385/C）应碰到磁板,而总是在缝隙的相对一边。

⑩取得 e 尺寸后,取下主减速器盖。将 VW385/1 放在 VW406 上,用 VW5385/C 标准（样板）检查表是否在零位上,要考虑起始压力与离开 2.0 mm 一致。如果在测量中有误,重新进行第⑤~⑨项。

测量主动锥齿轮调整垫片 S_3 的厚度:

$$S_3 = e - r$$

图 2-5-42　主动锥齿轮的调整(七)

式中　e——测量的结果(用百分表的逆时针刻度检验出的指针最大偏差);

　　　r——偏差(用百分之一毫米刻在从动齿轮上)。

r 值只用于新的从动锥齿轮和主动锥齿轮。例如:$e = 0.99$ mm,$r = 0.48$ mm,则 $S_3 = e - r = (0.99 - 0.48)$ mm $= 0.51$ mm。

如果需要将 2 只调整垫片连在一起,取得需要的厚度,较薄的调整应装在输出轴轴承外圈和较厚的调整垫片之间,下列厚度和调整垫片可供应:0.15,0.20,0.25,0.30,0.40,0.50,0.60,0.70,0.80,0.90,1.00,1.10 mm 和 1.20 mm。

⑪装上输出轴和计算好的调整垫片 S_3。根据第⑤~⑨项进行调节测量。如果计算好的调整垫片是正确的。百分表现在应指在偏差 r(刻在从动齿轮)值上,公差为 ±0.04 mm。

⑫如果测量在规定的公差范围之内,完成变速器的安装。相反,检查所有零件的状况,更换已损坏的零件,接着重新安装主动锥齿轮。

2)从动锥齿轮的调整

从动锥齿轮的注意事项:

①最好在拆卸变速器之前,测量齿面的平均间隙,并记下数值,用于从动锥齿轮调整垫片的计算。

②当主动锥齿轮、从动锥齿轮总成、变速器壳体、主减速器盖、差速器罩壳或轴承更换时,必须对从动齿轮进行调整。

从动锥齿轮调整整片总厚度的测量步骤

①拆下主减速器盖。

②拆下密封圈和差速器轴承的外圈,取出调整垫片。

③将轴承的外圈装在变速器壳体上,同时装上厚度为 1.2 mm 的标准(样板)垫片(外圈应装入至挡块)。

④将轴承的外圈装在主减速器盖上,不用调整垫片(外圈应装入至挡块)。

⑤将没有车速里程表主动齿轮的差速器装在变速器壳体上。将主减速器盖装在变速器壳体上,用 25 N·m 的力矩旋紧螺栓。

⑥根据图 2-5-43 所示装上专用工具,调节百分表,使其预压缩量为 1.0 mm 以上。

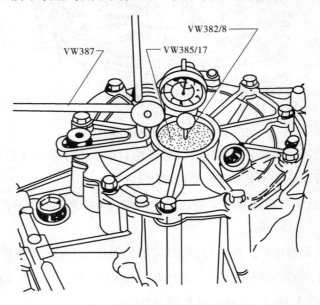

图 2-5-43　从动锥齿轮的调整(一)

⑦将专用工具 VW521/8 一起装在与从动齿轮相对的一边,如图 2-5-44 所示。A 为 1.20 mm 的调整垫片。

⑧用专用工具 VW521/4 将差速器向上和向下(箭头)移动(图 2-5-45),记下在百分表产生的变化(例如:记下的间隙为 0.50 mm)。测量时,不要转动差速器,因为它可能影响测量的结果。

⑨记录测量结果,并将记录的间隙加上 0.04 mm 的安装压力(稳定值)。测量结果 0.50 mm + 安装压力 0.40 mm = 0.90 mm。这个值再加上标准(样板)调整垫片的厚度 1.20 mm,结果就是 $S_{合计}$。

测量 $S_{合计}$ = 标准(样板)调整垫片的厚度 1.20 mm + 测量结果 0.50 mm + 安装压力 0.40 mm = 2.10 mm。

⑩拆下主减速器盖和工具。拆下主减速器盖的轴承外圈。

⑪将与测量结果和安装压力的和(0.50 mm + 0.40 mm = 0.90 mm)一致的调整垫片连同外圈一起装在盖上。

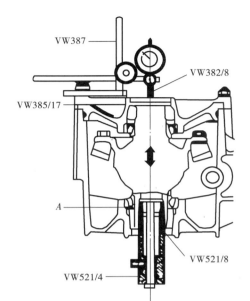

图 2-5-44　从动锥齿轮的调(二)

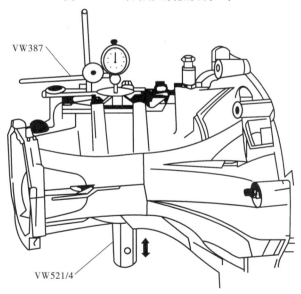

图 2-5-45　从动锥齿轮的调整(三)

⑫装上主减速器盖。将装配好的输入轴装上变速器壳体,用四个螺栓将其固定并用 20 N·m的力矩旋紧。

⑬调整从动锥齿轮和主动锥齿轮的齿面间隙,按下列方法进行:

a. 根据图2-5-46所示,装上专用工具。安装的位置:尺寸 A 为 71 mm,角 α 约为90°。

b. 锁住输入轴,如图2-5-47所示。将从动锥齿轮转至挡块位置,将表的指针对准零,倒转从动齿轮,读出齿面间实际的间隙,将取得的值记录下来。

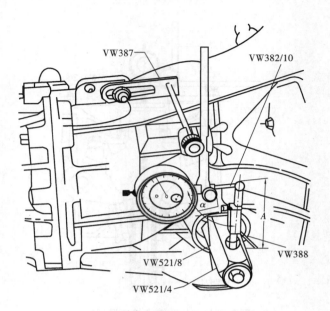

图 2-5-46　从动锥齿轮的调整（四）

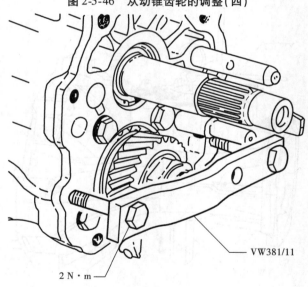

图 2-5-47　从动锥齿轮的调整（五）

　　c. 松开输入轴,转动专用工具 VW521/4 和 VW521/8 约 90°,结果差速器也转动 90°。重新锁住输入轴。

　　d. 旋松 VW521/4 的螺栓,将其退回约 90°,直至 VW521/8 碰到百分表的尖头,旋紧 VW521/4 的螺栓。

　　e. 将第②~④项反复操作 4 次,并记录下取得的值。

　　如果在这些测量中,测量的值偏差超过 0.05 mm,可能从动锥齿轮没有装对或者从动锥齿轮和主动锥齿轮总成情况不好。在这种情况下,如需要应更换从动锥齿轮和主动锥齿轮总成。

⑭计算齿面间隙的平均间隙:第一次测量 0.39 mm + 第二次测量 0.40 mm + 第三次测量 0.39 mm + 第四次测量 0.42 mm = 1.60 mm,平均间隙 = 1.60 mm ÷ 4 = 0.40 mm。

⑮计算调整垫片 S_2 的厚度(与从动锥齿轮相对的一面)。S_2 = 标准(样板)调整垫片 − 平均间隙 + 抬起(稳定值)。

如果不更换从动锥齿轮和主动锥齿轮总成,使用在拆下前测得的平均间隙值。例如: S_2 = 标准(样板)调整垫片 1.20 mm − 平均间隙 0.40 mm + 抬起(稳定值)0.15 mm = 0.95 mm。

⑯计算调整垫片 S_1 的厚度(从动锥齿轮一面)。$S_1 = S_{合计} − S_2$,即 S_1 = 2.10 mm − 0.95 mm = 1.15 mm。

下列厚度的调整垫片可供选择 0.15,0.20,0.25,0.30,0.40,0.50,0.60,0.70,0.80, 0.90,1.00,1.10 和 1.20 mm。

⑰拆下差速器和差速器轴承的外圈。将调整垫片 S_2 装在主减速器盖上,将 S_2 同轴承外圈一起装在壳体上。

⑱将密封圈装在主减速器盖和壳体上,如图 2-5-48 所示。

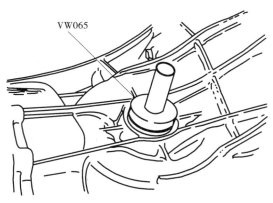

图 2-5-48　从动锥齿轮的调整(六)

⑲装上车速里程表的主动齿轮和锁紧套筒,并使图中 $x ≈ 1.8$ mm。

⑳装上差速器,重新测量齿面间隙。

㉑根据第⑬项的步骤,检查 4 个不同位置上的间隙。各次测量的间隙偏差不超过 0.05 mm。如果调整垫片 S_1 和 S_2 装配正确的话,齿面间的平均间隙应在 0.10 ~ 0.20 mm。

(4)主减速器和差速器常见故障排除

主减速器和差速器常见故障与排除见表2.2。

表 2.2　主减速器和差速器常见故障与排除

故障现象	故障原因	故障排除方法
漏油	油封有磨损或毁坏	更换油封
	轴承固定螺母松脱	更换固定螺母
	变速器壳断裂	如必需则修理
主动锥齿轮轴漏油	油量太多或油质不良	泄掉、更换油料
	油封磨损或损坏	更换油封
	前端凸缘松开或磨损	扭紧或更换凸缘
有杂音	油量太少或油质差	添加、更换新油
	在主、从动锥齿轮或差速器齿轮之间齿隙过大	检查齿隙
	主、从动锥齿轮或差速器齿轮有磨损	检查齿轮
	主动锥齿轮轴承有磨损	更换轴承
	轮毂轴承有磨损	更换轴承
	差速器轴承松脱或磨损	扭紧或更换轴承

2.5.4　驱动桥润滑油的检查与更换

对五菱荣光汽车的驱动后桥进行润滑油的检查与更换。如图 2-5-49、2-5-50 所示。

图 2-5-49　五菱荣光汽车

（1）驱动桥润滑油的检查

①将汽车举升到适当高度。

②如图 2-5-51 所示，先卸下加油口螺塞。

图 2-5-50　五菱荣光汽车驱动桥润滑油

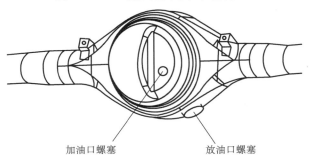

图 2-5-51　加油口螺塞安装位置

③如图 2-5-52 所示,伸手指进加油口感觉油面位置。伸手指进加油口感觉油面应与加油口底部螺纹平齐。

④检查润滑油质量,有稀释、结胶、过脏现象应更换。

⑤安装加油口螺塞。紧固加油口螺塞扭矩至 40～60 N·m。

注意:车辆行驶后,润滑油温很高,应使温度降低后才进行油位高度检查。用手感觉放油口螺塞,不再烫手即可。

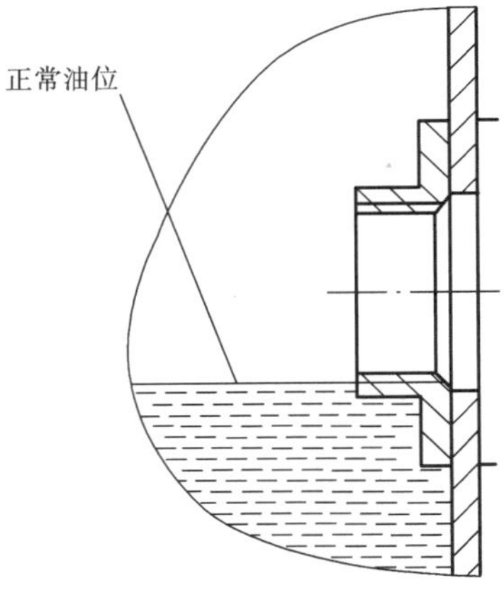

（2）驱动桥润滑油的更换

1）驱动桥润滑油的选择

如图 2-5-53 所示,不同温度环境用油黏度不同:五菱荣光汽车驱动桥润滑油型号:GL-590（我国南方或北方夏季用）;GL-580W90（严寒地区或北方冬季用,－35 ℃或以下）。

图 2-5-52　正常油位高度

2)更换程序(注意:五菱荣光汽车每行驶37 500 km,需更换驱动桥润滑油。)

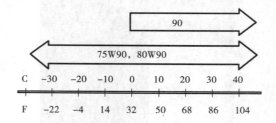

图 2-5-53　驱动桥润滑油的选择

图 2-5-54　排放驱动桥润滑油

①举升车辆。

②先拆下加油口螺塞。

③如图 2-5-54 所示,再卸下放油口螺塞,将驱动桥润滑油完全排出。

④重新装上放油口螺塞。紧固放油口螺塞扭矩至 50 ~ 70 N · m,如图 2-5-55 所示。

⑤选择适合季节的黏度和品牌的驱动桥润滑油,用加油机从加油口将驱动桥润滑油注入至加油口下部,如图 2-5-56 所示,以油面对齐加油口下沿为准,也就是看到驱动桥润滑油从加油口流出为宜。

图 2-5-55　紧固放油口螺塞

图 2-5-56　用加油机加注驱动桥润滑油

⑥安装加油口螺塞,紧固加油口螺塞扭矩至 40 ~ 60 N·m,如图 2-5-57 所示。

⑦降下车辆。

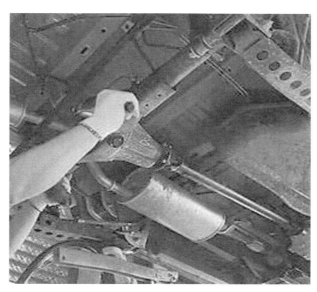

图 2-5-57　紧固加油口螺塞

参考文献

[1] 詹姆斯·D·霍尔德曼,小蔡斯·D·米切尔. 汽车制动系统[M]. 钟永发,周翼翔,等译. 3 版. 北京:中国劳动社会保障出版社,2006.

[2] 陈传建,雍朝康,杨二杰. 汽车悬架、转向与制动系统维修[M]. 西安:西南交通大学出版社,2014.

[3] 刘付金文,徐正国. 汽车悬架与转向系统维修工作页[M]. 3 版. 北京:人民交通出版社,2020.

[4] 邱志华,张发. 汽车传动系统维修工作页[M]. 3 版. 北京:人民交通出版社,2020.

[5] 丰田汽车公司. 汽车基本常识与工作原理[M]. 北京:高等教育出版社, 2008.

[6] 赵青. 汽车悬挂、转向与制动系统维修[M]. 北京:外语教学与研究出版社,2017.

[7] 刘冬生,陈启优,金荣. 汽车转向悬架与制动安全技术(初级)[M]. 北京:机械工业出版社,2020.

[8] 庞柳军,曾晖泽. 汽车制动系统维修工作页[M]. 3 版. 北京:人民交通出版社,2020.